# 股票质押项目评审与风险防范

焦有章◎著

天津出版传媒集团
天津人民出版社

**图书在版编目（CIP）数据**

股票质押项目评审与风险防范 / 焦有章著 . -- 天津：天津人民出版社，2021.1
ISBN 978-7-201-16693-3

Ⅰ . ①股… Ⅱ . ①焦… Ⅲ . ①股票—抵押—研究 Ⅳ . ① F830.91

中国版本图书馆 CIP 数据核字（2020）第 229581 号

**股票质押项目评审与风险防范**

GUPIAO ZHIYA XIANGMU PINGSHEN YU FENGXIAN FANGFAN

焦有章　著

出　　版　天津人民出版社
出 版 人　刘　庆
地　　址　天津市和平区西康路 35 号康岳大厦
邮政编码　300051
邮购电话　（022）23332469
电子信箱　reader@tjrmcbs.com

责任编辑　谢仁林
封面设计　人文在线

制版印刷　天津雅泽印刷有限公司
经　　销　新华书店
开　　本　710 毫米 ×1000 毫米　1/16
印　　张　15
字　　数　186 千字
版　　次　2021 年 4 月第 1 版　2021 年 4 月第 1 次印刷
定　　价　58.00 元

# 前　言

股票质押融资既可以支持实体经济，也能为金融机构带来经济效益，是一项双赢的业务，但是自2018年以来，股票质押频繁爆雷，各家金融机构闻之色变，纷纷改变经营策略，股票质押业务规模持续下降。中小企业融资渠道本就不多，股票质押业务仍有存在的价值，如何避免踩雷已经成为金融从业人员面临的难题。

笔者从2011年开始接触信用债，研读过上千份信评报告，并将多年来积累的判别财务数据异常的方法做成了预警模型。2017年我开始从事股票质押项目评审，并将债券信评的分析框架运用到股票质押项目评审中，通过预警模型辅助判别财务数据异常，评审过几百个股票质押项目，回忆起来最有成就感的是2018年规避了大量风险项目，虽然总想把这段经历以及经验教训分享给大家，但是工作繁忙，家庭又多有琐事，一直难以下定决心。2020年，在每天工作忙完略有闲暇时，总想做点事情，于是下定决心将其写作成书。

本书第一、二章主要内容是股票质押业务简介和风险特征；第三章主要介绍项目评审的作用；第四、五章介绍如何评估个人和企业融资人的信用状况；第六、七章介绍如何评估上市公司股票，如何识别和分析股票的异常因素；第八章介绍影响项目评审的其他因素；第九章介绍如何做好项目评审工作；第十章介绍一些其他的风险防范措施。虽然本书内容不及传统教科书专业，但是本书介绍的股票质押项目评审方法经过了实践检验，希望能够帮助提高金融从业人员“排雷”的能力，促进金融机构股票质押业务的健康发展。

本书中的案例均来源于公开的新闻报道或上市公司公告，每个案例都经过了抽象、简化、组合等改编，请勿对号入座。

最后，由于写作时间和个人水平所限，书中难免存在疏漏之处，恳请广大读者朋友批评指正。

# 目　录

# 第一章 股票质押简介

在我国，股份公司可以分为上市公司和非上市公司，非上市公司股权不能在证券登记机构办理质押登记，本书所述用于质押的股票均为上市公司股票。

## 第一节　什么是股票质押融资

股票质押融资（简称股票质押），是指一种权利的质押，是股东以自身持有的股票作为标的物进行质押，向券商、银行、信托等金融机构或非金融机构取得资金的一种行为。从金融机构的角度来看，股票质押本质上是以股票为质押物的类信贷业务。

《股票质押式回购交易及登记结算业务办法（2018年修订）》（简称"股票质押新规"）中规定，股票质押回购是指符合条件的资金融入方以所持有的股票或其他证券质押，向符合条件的资金融出方融入资金，并约定在未来返还资金、解除质押的交易。这里的资金融入方也就是债务人、融资人或借款人，资金融出方是债权人。

根据中国证券业协会2018年末的数据显示，场内股票质押业务存续规模约为1.17万亿元。另外银行、信托等金融机构也开展了场外股票质押业务，存续规模尚无公开统计数据。股票质押融资是除银行贷款、发行债券、非标融资之外的最重要的融资方式之一，对于融资渠道受限的民营企业来说尤为重要。股票质押业务是为实体经济提供资金支持的一种有效手段，是实体经济的现实融资需求，需要金融监管政策的支持，但是金融机构在开展股票质押业务时也不能忽视其风险。

## 第二节　股票质押业务的历史

1990 年 12 月，上海证券交易所正式成立，深圳证券交易所开始试营业，沪深交易所分别有 8 只股票和 5 只股票开始上市交易。

1995 年 6 月 30 日，《中华人民共和国担保法》颁布，该法第七十八条规定了股权质权的设定及股权质权的效力，股权质押成为一种融资手段。

2000 年 2 月 2 日，中国人民银行和中国证监会联合发布了《证券公司股票质押贷款管理办法》，允许符合条件的综合类券商用自营股票和证券投资基金作抵押向商业银行借款。

2004 年 11 月 5 日，中国人民银行、中国银保监会和中国证监会修订了《证券公司股票质押贷款管理办法》，扩大了可进行股票质押贷款的证券公司范围，增加了质押物的种类，延长了质押期限。

2006 年 1 月 27 日，中国银保监会发布了《中资商业银行行政许可事项实施办法》，《外资金融机构行政许可事项实施办法》和《合作金融机构行政许可事项实施办法》，明确了商业银行开办股票质押贷款业务的条件。

2006 年末，我国约有 1400 家上市公司，其中 400 多家上市公司的控股股东有股权质押行为，股权质押融资已经成为常见的融资方式之一。

2008 年 10 月，中国证监会发布《上市公司股东发行可交换公司债券试行规定》，符合条件的上市公司股东可以用无限售条件的股票申请发行可交换公司债券。

2013 年 5 月之前，国内开展股票质押业务的多为银行、信托等金融机构，通过场外股票质押以贷款形式融资。

2013 年 5 月 24 日，证监会发布《股票质押式回购交易及登记结算业务办法（试行）》，正式推出股票质押式回购业务，场内股票质押业务正式启航。由于交易所对股票交收和处置的流程进行了标准化，具有明显优势，之后券商开展的场内股票质押业务逐渐成为股票质押业务的主流。

2016 年 1 月 7 日，证监会发布《上市公司股东、董监高减持股份的若干规定》，规定了若干不允许减持的情况，以及限制减持的情况。例如，上市公司大股东在三个月内通过证券交易所集中竞价交易减持股份的总数，不得超过公司股份总数的 1%；因司法强制执行、执行股权质押协议等减持股份需遵守规定。

2017 年 5 月 26 日，证监会修订《上市公司股东、董监高减持股份的若干规定》，进一步加强了股票减持限制的范围和强度，将 IPO 前发行股份、定增股份（2020 年 2 月 14 日之后的定增股份不再适用股票减持规定）等特定股份和特定股东纳入适用范围，限制了大宗交易减持方式："采取大宗交易方式的，在任意连续 90 日内，减持股份的总数不得超过公司股份总数的 2%。"

2018 年 3 月 12 日，《股票质押式回购交易及登记结算业务办法（2018 年修订）》正式施行，从融资门槛、集中度、质押率、融资用途等多个方面规范了股票质押市场，对券商从业行为提出了更为严格的要求。

2020 年 2 月 14 日，证监会修订《上市公司证券发行管理办法》，该办法第七十五条规定："依据本办法通过非公开发行股票取得的上市公司股份，其减持不适用《上市公司股东、董监高减持股份的若干规定》的有关规定”，放松了定增股票的减持限制。

2020年4月17日，沪深交易所发布了《关于通过协议转让方式进行股票质押式回购交易违约处置相关事项的通知》，通过协议转让方式进行违约处置，单笔转让比例下限由总股本的5%降为总股本的2%，并适当放宽了转让价格限制。

## 第三节　股票质押业务的特点

股票质押融资分为场内股票质押和场外股票质押，它们之间的区别是什么，股票质押与融资融券、约定购回、股票投资、信用债投资、可交换债相比有哪些区别，本节将分别介绍相关内容。

### 一、场内股票质押和场外股票质押的区别

股票质押融资分为场内股票质押和场外股票质押。

场内股票质押的业务操作主体是券商及其成立的资管计划，在交易所内进行股票交收和股票处置。这里的“场内”指的是在交易所内。场内股票质押因为遵循已经程序化的操作步骤，又被券商业内人士称为标准化业务（从银保监会相关通知及非现场监管报表G06的填报要求来看，银行业金融机构应将场内股票质押也认定为非标业务）。

场外股票质押的资金融出方主要为银行、信托、保险、民间资本等（除券商及其资管计划等之外），在交易所外办理质押登记和股票处置。这

里的“场外”指的是在交易所外，场外股票质押一般认为是非标准化业务，属于非标业务的一种。

场内股票质押和场外股票质押的主要区别如下：

法规依据不同：场内股票质押需遵循沪深交易所制定的《股票质押式回购交易及登记结算业务办法》和中国结算上海和深圳分公司制定的《股票质押式回购登记结算业务指南》；而场外股票质押需遵循中国结算上海和深圳分公司制定的《证券质押业务指南》。

登记方式不同：场内股票质押一般在沪深交易所开展交易，通过券商、交易所、中登逐级进行电子申报，进行质押登记。场外股票质押一般直接在中登进行质押登记，也可以在取得代理资格的证券公司及营业部进行质押登记。

金融机构不同：场内股票质押一般是券商开展的业务（银行、信托等金融机构也可借助券商资管计划开展交易）；而场外股票质押一般是银行、信托、民间资本等直接开展的业务。

限制条件不同：沪深交易所《股票质押式回购交易及登记结算业务办法（2018 年修订）》中规定，场内股票质押的质押率上限不得超过 60%，单一证券公司作为融出方接受单只 A 股股票质押比例分别不得超过 30%，单一资管产品作为融出方接受单只 A 股股票质押比例分别不得超过 15%，单只 A 股股票的市场整体质押比例不超过 50%，场内股票质押的期限一般不超过 3 年（纾困性质的业务延期后可超过 3 年），质押限售股的回购到期日必须晚于股票的解除限售日；场外股票质押则无明确的限制，由交易双方协议约定。

违约处置不同：场内股票质押，流通股一般可由券商在交易所直接平仓处置，所得价款优先用于偿还债权人（有限售或减持限制的股票要符合相关监管规定后才能处置）；场外股票质押，需质押双方申请将质押状态变更为“质押可卖出”或者将股票转入专用质押交易单元，然后再进行处置，当债务人不配合时只能通过司法途径实现质权。

本书主要讲述场内股票质押的风险控制，在未提及场内场外的情况下，本书所称股票质押一般是指场内股票质押。

## 二、股票质押与融资融券的区别

融资融券交易又称“证券信用交易”或“保证金交易”，是指投资者向具有融资融券业务资格的券商提供担保物，借入资金买入证券（融资交易）、或借入证券并卖出（融券交易）的行为。

融资融券包含融资和融券两种交易方式，在预期股票价格上涨时可以通过融资加杠杆购买股票获得盈利，在预期股票价格下跌时可以通过融券做空获得盈利。

股票质押是一种类信贷的融资业务，融到的资金不可以购买股票，只能用于实体经济。

虽然股票质押和融资融券都是主要以股票作为担保物，但是融资融券担保物只能是流通股，而股票质押担保物也可以是限售股，因限售股变现周期较长，其风险大于流通股；另外，股票质押的担保物往往只有一只股票，而融资融券可以购买多只股票构建投资组合，因此从持仓集中度的角度来看，股票质押的风险通常大于融资融券的风险。

因此，从投资者角度看，股票质押和融资融券的交易目的、资金用途是不同的；从金融机构的角度来看，股票质押和融资融券的风险属性是不同的。

另外，融资融券有所谓的绕标交易，分两种交易类型，其中一种交易类型是将股票转入信用账户，最后提取股票市值33%的现金，这种交易类型的本质就是股票质押融资。

## 三、股票质押与约定购回的区别

约定购回交易是指符合条件的客户以约定价格向其指定交易的券商卖出标的证券，并约定在未来某一日期，客户按照另一约定价格从券商购回标的证券。

股票质押和约定购回都是金融机构给客户融资的业务。但是在交易期间，约定购回需要将股票过户给金融机构转移股票的所有权，因此只有流通股才能开展约定购回交易；而股票质押不转移股票的所有权，无须过户，限售股也可以用来做股票质押。

约定购回早在 2011 年 10 月由上交所推出，但是 2013 年 5 月推出相对有优势的场内股票质押业务后，约定购回逐步被股票质押替代，至 2017 年末约定购回规模已不足股票质押规模的 1%。

## 四、股票质押与股票投资的区别

股票投资是指企业或个人用货币资金购买股票，借以获得收益的行为。股票投资的收益是以“资本利得”为主，资本利得是指投资者在股票价格的变化中所得到的收益，是将股票低价买进、高价卖出所得到的差价收益。

场内股票质押业务是一种标准化的类信贷融资业务，一般只有利息收入，没有“资本利得”。场外股票质押可以只有利息收入，也可以根据交易双方的协议约定，分享一部分股票价格上涨产生的收益。

股票投资、场内股票质押和场外股票质押的投资收益随股票价格变化情况，如图 1-1 所示。

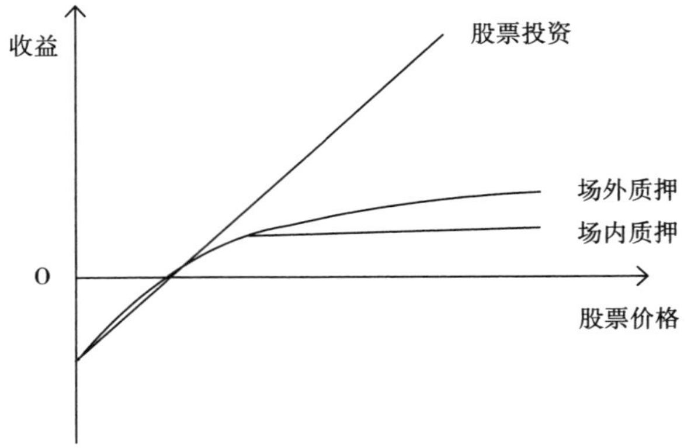


图 1-1　股票投资、场内股票质押和场外股票质押的投资收益随股票价格变化情况

## 五、股票质押与信用债投资的区别

信用债投资，是指投资者以购买信用债的形式投放资本，到期向信用债发行人（债务人）收取固定的利息以及收回本金的一种投资方式。股票质押和信用债投资都是给债务人融资并收取利息，二者有一定的相似性，也都面临着信用风险。

信用债可以在银行间市场或交易所市场交易，具有一定的流动性，可以转让获得差价收益，信用债投资的收益主要是由利息收入和资本利得构成（利息收入的再投资收益较少），因此信用债也面临着较大的市场风险。

信用债投资的策略较多，有时以获取利息收入为主，有时以通过价格波动获得资本利得为主，基准利率和信用利差的变化对投资收益的影响较大。股票质押几乎无流动性，只能等待融入方（债务人）购回股票偿还本息时获得利息收入。

## 六、股票质押与可交换债的区别

可交换债券又称“可交换他公司股票的债券”，是指上市公司股份的持有者通过抵押其持有的股票给托管机构进而发行的公司债券。

正常情况下，股票质押到期时需解除质押，不会转移股票的所有权。可交换债与股票质押有所不同，可交换债持有人在将来的某个时期内，能按照债券发行时约定的条件用持有的债券换取发债人质押的上市公司股票。可交换债按收益特点分析有偏股型和偏债型两种。如果持有人换股的可能性大，有权益浮动的收益，则为偏股型。如果持有人换股的可能性小，主要获得票息收益，则为偏债型。金融机构每开展一笔股票质押交易都相当于购买了一只偏债型的私募可交换债。

2018 年以来，股票质押的风险已引起监管机构和从业人员的重视，但是股票质押的从业人员与债券投资人员属于不同的业务条线。可交换债的一些监管政策对质押率的规定比场内股票质押要宽松（公募可交换债限制质押率为 70%，私募可交换债限制质押率为 100%），发行人可能会采取激进的会计政策来满足监管政策，这给偏债型可交换债的持有人带来了较大风险，而且该风险尚未引起一些债券投资者的重视。

# 第二章 股票质押的风险特征

股票质押主要面临信用风险、市场风险、流动性风险、操作风险等。

信用风险是指融入方到期不能全额偿还本息，可能给金融机构造成的损失。信用风险主要是来自融入方，在股票质押业务中融入方是第一还款来源，质押股票是第二还款来源，股票质押业务不能单纯依赖于质押物。

市场风险是指由于股票价格变动对标的证券的价值产生影响，从而使质押物价值不足触及平仓线，可能给金融机构造成的损失。上市公司资质参差不齐，财务造假、违规现象频繁被新闻媒体报道，投资者以散户为主，市场中充斥着投机氛围，一些股票价格波动剧烈，因此股票质押面临较大的市场风险。

流动性风险是指由于股票减持受限、股票成交量小、待平仓规模过大等因素，未在合理价位及时卖出可能给金融机构造成的损失。

市场风险和流动性风险主要来自质押的股票，而操作风险主要来自金融机构内部的一些业务环节。

操作风险是指由于金融机构内部流程、人员、系统或外部事件，可能导致股票质押业务直接或间接的损失。若股票价格跌破平仓线，金融机构未及时要求客户补仓或者平仓，就面临着操作风险，可能因未能及时正确地履职发生损失。

## 第一节 融入方的信用资质

股票质押的融入方一般是股票的持有者，也就是上市公司股东，既可能是企业也可能是个人，既有上市公司实际控制人、大股东，也有个人散户。2018 年 3 月《股票质押式回购交易及登记结算业务办法（2018 年修订）》规定，将股票质押融资规模的起点提至 500 万元，杜绝了一部分散户开展该业务。

实际上，股票质押融入方的信用资质普遍低于债券发行人的信用资质，从客户结构来看，股票质押融入方大部分为持股平台或个人，很少有能在公开市场发行债券的实力，较好的客户也仅有 AA 水平（也有一些客户虽然获得了高于 AA 的外部评级，但是真实信用状况较差，其发行债券的收益率在同一信用级别中明显偏高）。

个人融入方，如果是上市公司实际控制人，或者其他实体公司的实际控制人，其控制下的公司在银行等金融机构贷款时，往往需要个人提供连带责任担保，有的还参与上游供应商和下游客户的互保，有较大的潜在风险。

企业融入方，如果是持股平台，则其主要资产就是持有的股票，在股票大部分已质押的情况下，几乎再无信用可言。企业融入方中以民营企业为主，鲜有国有企业。即使有国有企业，信用资质较好的国企的首选融资渠道是发行债券、银行信用贷款，只有一些信用状况较差的国有企业才需要股票质押融资。从一般规律来看，大企业资质好、小企业资质差，但是从近两年的观察来看，规模较大的民营企业在信用环境不佳的情况下也容易爆雷，会导致券商发生重大亏损。

因此无论是企业融入方还是个人融入方，一般来说信用资质都并不是很好。

## 第二节　股票是优质的担保物吗

股票质押本质上是一种以股票作为抵质押物的类信贷业务。高质量的抵质押物有如下特点：所有权真实、流动性好、价值稳定。

从所有权真实性来看，国内股票都托管在中国证券登记结算有限责任公司，它专门为证券交易提供集中登记、存管与结算服务，是不以营利为目的的法人，由上海证券交易所和深圳证券交易所控股，中国证监会是公司的主管部门。质押股票的权属是真实的，不存在所有权的争议，而且与土地房产等抵押物相比，股票的价格较为透明，从风控的角度来看，这是股票质押业务的优点。

从流动性来看，2017 年 5 月股票减持新规发布以后，原始股和（2020 年 2 月 14 日之前的）定增股票也纳入减持限制的范围，通过大宗交易减持股票也受到限制。根据经验，目前 90% 以上的质押股票均受到不同程度的减持限制，因此当触及平仓线时，质押的股票无法及时减持变现。

从价值稳定性来看，股票价格要受到宏观经济、金融政策、行业周期、公司经营状况、供求关系、大众心理等多种因素的影响，具有很大的不确定性，尤其是中小板和创业板的股票价格波动更大。

因此，从价值稳定性和流动性角度来看，股票并不是一种很好的担保物。

## 第三节　信用周期的影响

国内主流的融资方式包括股权性融资和债权性融资，其中债权性融资又分为银行信贷、发行债券、非标融资、股票质押等。股票质押作为近几年热门的融资方式之一，既受到宏观经济的影响，也受到货币政策的影响。宏观经济影响资金的需求，货币政策影响资金的供给。

宏观经济，即宏观层面的国民经济，包括一国国民经济总量、国民经济构成、产业发展阶段与产业结构、经济发展程度。当宏观经济处于上升期时，大部分行业景气度高，企业有扩大再生产的动力，会导致融资需求增加。当宏观经济处于下降期时，大部分行业景气度低，企业不愿意扩大再生产，会导致融资需求降低。

货币政策是指中央银行为实现物价稳定、充分就业、经济增长和国际收支平衡的目标而采取的措施，主要是控制货币供应量和采取影响利率的各项措施。当货币政策宽松时，资金供给充裕；当货币政策紧缩时，资金供给紧张。

另外，信用周期还受到信贷政策、非银监管政策等影响。信贷政策涉及信贷结构以及资金投向，从微观来看会影响企业融资的难易程度，从宏观和中观来看会影响产业和区域经济的发展。货币政策和信贷政策相辅相成，互相促进，互相影响。

当资金供给大于资金需求时即是信用宽松状态，股票质押业务发生风险的概率较小，当资金供给小于资金需求时即是信用紧缩状态，之前的融资到期后难以获得后续资金接替，股票质押业务发生风险的概率较大。

## 第四节　股票市场的影响

首先要介绍几个概念：质押率、履约保障比例和平仓线。

质押率是指初始融资金额与质押股票市值的比率。例如，融入方将市值1000万元的股票质押给券商，从券商获得的融资是500万元，也就是说客户的融资按50%的质押率打折了。质押率会因融入方和股票的资质不同而不同，由交易双方协商而定，大部分情况处于20%～60%。

履约保障比例，是指合并管理的质押标的证券、相应孳息及其他担保物价值之和与融入方应付金额的比值。例如，初始交易时，股票市值为1000万元，融资金额为500万元，则当日收盘后的履约保障比例约为200%。初始交易时质押率与履约保障比例基本上是互为倒数的关系，随着股票价格的波动和应计利息的累积，二者的关系逐渐分离。

金融机构为了防止股价下跌对自己的利益造成损害，都会对股票质押项目设置平仓线。当履约保障比例低于平仓线时，融入方需要偿还部分本金或者补充质押物，将履约保障比例提高到协议约定的水平。目前市场上常用的平仓线有两个，分别是限售股140%、流通股130%，平仓线也应根据所得税的影响适当上浮。

中国的股票市场牛短熊长，股票市场持续走低时，股票价格普遍下跌，当股票价格跌到触及股票质押平仓线时，则需要按照交易协议补充质押物，当融入方持有的股票已全部质押又无法提供其他有效担保物时，就可能会发生违约。股票市场持续走低时，也正是股票质押风险多发之时。

## 第五节　为什么股票质押的风险大

2018年是股票质押业务风险集中暴露期，风险情况较为严峻。2018年6月26日中国证券业协会发布公告，场内股票质押业务低于平仓线的股票市值占A股总市值的1%（约5000亿元），经过进一步分析，场内已质押的股票市值约为2万亿元（太平洋证券研报引用Wind数据），粗略计算低于平仓线的股票市值约占场内质押的股票市值的25%。2018年末银行贷款不良率约为1.89%，信用债违约率约为0.8%，可见股票质押违约率之高、风险之大。

股票质押业务受信用周期和证券市场周期的双重影响。

一方面，股票质押期限较短，一年期的较为常见。融入方短贷长投，缺乏管理流动性的能力，因此股票质押融资一般难以跨越信用紧缩的周期。股票质押几乎是融入方最后一种融资渠道，一旦触及平仓线，可能就再没有其他融资渠道了。如果融入方融资困难，质押股票因限售或减持限制等原因短期内也难以处置变现，风险项目年复一年地越积越多，不良率也就越来越高。

另一方面，股票价格普遍具有剧烈波动的特点，这使得股票质押触及平仓线成为常见的事情。金融机构对股票质押业务的监测频率高于贷款和非标融资，股票价格的波动性比土地房产的价格波动性更强，业务开展期间更容易触及平仓线，因此股票质押业务的风险显著高于银行贷款和非标业务。

按交易协议约定，当股票质押的履约保障比例低于平仓线时，需要融入方补充股票质押或者偿还现金，如果不能及时按协议约定执行，则融入方违约，股票质押项目成为风险项目。一旦大股东的股票质押触及平仓线，上市公司需要发布公告，这会引起股票价格的进一步下跌，大股东就需要补充更多担保物并更容易发生违约，从而形成恶性循环，还会导致该上市公司所有采用股票质押融资的其他股东陆续违约，有时会蔓延开来，进而带动一个行业的股票价格下行。

另外，股票价格很大程度上受上市公司经营状况的影响，当上市公司经营不善无法偿还负债时，相应的股票价值会大幅下降，甚至接近于零。依据《中华人民共和国公司法》规定，公司进入破产程序后，公司财产应当优先对公司的债权人进行清偿，之后有剩余财产才可以分配给股东。金融机构作为股票质押的资金融出方，享有质押股票的优先受偿权，但是按法律规定落后于上市公司的债权人。因此如果上市公司破产，股票的价值可能接近于零，这种小概率事件给股票质押融出方带来了极大风险。

如果上市公司发生财务报表造假、上市公司或实际控制人债券违约、大额商誉减值、实际控制人非法占用上市公司资金或让上市公司违规担保、严重违反社会道德等负面事件时，会同时发生上市公司实际控制人丧失再融资能力、质押股票价值下降、按合同约定股票质押业务提前到期的恶劣局面，违约概率极大。

# 第三章　项目评审的作用

券商股票质押业务的主管部门一般是总部信用业务部，也可能称为融资融券部、证券金融部等，通过资产管理计划开展的业务也可能由资产管理部负责。

股票质押的业务流程一般有以下几个步骤：(1) 业务营销部门或分支机构发现业务机会；(2) 与总部业务管理部门沟通是否符合准入标准；(3) 业务营销部门或分支机构开展尽职调查；(4) 总部相关部门做项目评审；(5) 公司授权机构审批；(6) 签订交易协议；(7) 执行交易并放款；(8) 风险监控；(9) 贷后管理。

事前风险评估包括尽职调查、项目评审、项目审批，项目评审处于尽职调查之后、授权机构审批之前，是事前风险评估的重要环节。项目评审是项目审批前的重要环节，是对股票质押融资项目尽职调查的有效评价，对项目审批决策有着极其重要的参考作用。

## 第一节　业务准入是项目评审的前提条件

一般股票质押的业务准入涉及融入方准入条件和质押股票准入条件，只有符合业务准入条件的项目才可以进一步推进。业务准入是股票质押风险控制的第一道门槛。制定合理的业务准入标准有利于提高工作效率、降低沟通成本，并能够减少业务管理部门与业务营销部门的分歧。

### 1. 常见的融入方准入条件

（1）具有合法的证券投资资格，符合业务适当性管理要求；不违反法律、行政法规、规章及其他规范性文件，不存在限制进入证券市场或禁止其参与股票质押业务的情形；

（2）融资规模符合政策规定（500 万元以上）；

（3）融入方股票质押比例不超过 70%，机构融入方资产负债率不超过 70%；

（4）信用记录良好，无重大违约记录；

（5）不存在其他严重影响偿债能力的情况。

### 2. 常见的股票准入条件

（1）S、ST、*ST、暂停上市、退市整理期的股票，不得开展业务；

（2）最近一期财务报告严重亏损，且公司未来业绩没有改善的迹象，不得开展业务；

（3）存在重大风险性事件，不得开展业务（如被监管部门立案调查，存在重大未决诉讼、重大未决经济纠纷等）；

（4）最近一期财务报告中净资产为负，不得开展业务；

（5）股票动态市盈率超过 300 倍，且市净率超过 10 倍，不得开展业务；

（6）股票全市场质押比例超过 50%，不得开展业务。

上述准入条件仅根据监管政策列举出部分示例，金融机构应根据监管制度和自身风险偏好建立适应本机构的业务准入条件。

## 第二节　尽职调查是项目评审的重要基础

中国证券业协会《证券公司参与股票质押式回购交易风险管理指引》规定，证券公司应当建立健全融入方尽职调查制度，明确资质审查标准和信用评估指标，对融入方的身份、财务状况、经营状况、信用状况、担保状况、资金用途、风险承受能力等进行尽职调查和有效评估。

尽职调查的主要目的是得到关于融入方、质押股票、保证人等完整的资料，协助金融机构做出正确的投资决策。尽职调查应全面掌握融入方及业务的情况，是降低金融机构与融入方之间信息不对称、减少资金风险隐患的重要手段。全面深入、细致严谨、高质量的尽职调查工作，是金融机构在开展股票质押业务过程中管控风险的重要基础，其工作质量会直接影响后续评审和审批的决策合理性。

尽职调查常采用现场调查和非现场调查相结合的方式进行。

现场调查的目的是通过现场观察或访谈，将从各种渠道获得的信息和数据互相验证，核实企业信息和数据的真实性，判断企业经营者是否诚实可靠，寻找可能的财务造假行为及掩盖风险的情形，还原企业真实的经营状况。

现场调查前要初步收集企业信息，了解融入方或上市公司的基本情况，包括历史沿革、股东结构和高管、主营业务、财务数据等信息，初步评估并列出需要重点关注的问题，拟订访谈提纲，为现场尽职调查做好准备。

现场尽职调查一般至少需要两人，一人擅长业务沟通，另一人擅长风险识别，两人都对尽职调查的真实性、有效性、完整性和一致性负责。现场尽职调查时要按照公司规定收集完整的基础材料，实地察看融入方或上市公司等的办公场所，生产场所，施工现场，原材料及半成品、成品等的储存场所，关注融入方的办公环境、员工工作情况、生产设备状况、生产景气程度和现场管理情况，抽查生产销售单据或数据，确认企业的物流、信息流、资金流能够匹配，且与企业介绍的情况一致，并现场拍摄相关图片或视频。

尽职调查的访谈，主要是访谈融入方以及企业实际控制人或财务负责人等，应注意沟通方式，有些问题不应问得过于直白，不同访谈人回复的内容要互相对比和验证。访谈记录要进行录音或录像。

尽职调查除了从客户方收集材料外，还要注意通过其他外部渠道收集信息资料，包括：中国执行信息公开网、信用中国网、裁判文书网、天眼查、启信宝等。对于上市公司要收集近期公告、招股说明书、研究报告等，如果企业同时是债券发行人还要收集信用评级报告。尽职调查人员应汇总不同渠道取得的信息，验证融入方所提供的资料的真实性。

尽职调查务必真实，不得采取作假的方式欺骗评审和审批人员。银行信贷业务中贷款诈骗时有发生，司法实践中，如果银行工作人员与实施贷款诈骗行为的犯罪分子事前通谋，为贷款诈骗活动提供帮助的，一般是以贷款诈骗罪的共犯论处。贷款诈骗罪中最常发生的是抵押物虚假和行贿受贿。券商股票质押业务中股票是在中国证券登记结算有限公司登记存管的，真实性无虞，不过这仍然给证券行业敲响了警钟。尽职调查人员撰写的尽职调查报告中的观点应基于事实得出，要求每份尽职调查资料都有相关的盖章或签字，要保存好尽职调查的底稿资料。

如果尽职调查过程中发现异常情况，影响融入方的实质性信用状况，应终止项目推进。如果尽职调查过程中虽然发现异常情况，但是没有实质性影响，应在报告中进行提示，如果尽职调查人员认为融入方具备还款能力、补充质押能力，抵质押物充足，质押率合理，担保措施有效，就可以提交业务主管部门并推动下一阶段的项目评审。

## 第三节　项目评审的逻辑框架

项目评审是金融机构在尽职调查的基础上，就融入方和担保人的信用情况、质押股票的资质所做的进一步审查。项目评审人员的主要工作有三个步骤：（1）认定事实。对融入方（含担保人）的信用情况、借款用途、还款来源以及质押股票的价格稳定性进行审查和评估。（2）掌握政策。主要是以认定的事实为依据，根据监管政策和公司制度，判断是否可以开展业务。（3）出具评审结论。主要是明确融资金额、质押率、期限、利率、预警或平仓线等交易要素。

每一个项目都必须检查尽职调查报告内容的完整性，从尽职调查基础材料、分析过程到尽职调查结论，逻辑上应该具有合理性。在项目评审过程中，主要基于尽职调查和由其他途径获取的信息，审查融入方和质押股票的资质，如果发现异常或者疑点应沟通核实，或者去客户现场进一步调查。“事出反常必有妖”，对有疑问的项目不应该仓促地出具评审意见。评审意见不应该由单独一个人出具，有条件的公司应该由多人或者多个部门分别出具评审意见，评审结论力求客观和公允。

股票质押项目的评审意见应包含如下内容：

1. 项目基本信息。项目基本信息要涵盖业务承揽部门、融入方名称、质押的股票名称、质押的股票数量、质押数量占总股本的比例、质押股票是限售股还是流通股、申请融资金额、申请质押率、申请预警 / 平仓线、申请项目期限、申请利率、融资用途、还款来源，以及公司相关存续业务的金额、到期日、履约保障比例等基本情况。

2. 融入方（含担保人）的信用状况。对个人融入方，要从职业、职务、年度收入、婚姻状况、家庭主要资产、主要负债、对外担保、资产证明、征信报告、持有股票的质押比例等材料中，分析融入方的信用状况。对机构融入方，要从实际控制人、主营业务、经营业绩、资产负债率、主要资产质量、债务期限、对外担保、征信报告、持有股票的质押比例等材料中，分析融入方的信用状况。对于融入方持有股票的限售性质，要结合股票来源、限售或减持政策，分析股票变现的难易度。最后综合评价融入方的补仓能力、还款能力。

3. 质押股票的资质。评估股票的资质，要考虑上市公司所在区域、实际控制人、经营业务及主要细分业务、所属行业、行业上下游及竞争地位、经营业绩、毛利率及净利率、盈利质量、营运能力、主要资产的质量（尤其是应收账款、商誉、固定资产、在建工程、生物性资产等）、偿债能力、负债的期限结构、外部研究报告的观点、股票最近一年走势、波动率、日均成交量、股票全市场质押比例等。最后根据上述信息预测上市公司未来业绩，评估股票的估值高低以及价格稳定性。

4. 评审结论。根据监管政策、金融机构的规章制度以及融入方、担保人、质押股票的情况出具评审意见，给出明确的质押率、融资规模、利率、预警/平仓线，以及附加的其他保障项目安全的条件，同时要揭示该项目面临的主要风险，供后续审批人员参考。

在评审报告中不必将所有内容事无巨细地列出，但是风险点、异常情况都应该在报告中提示。

**评审报告示例**

**（一）基本情况**

★★★营业部客户“×××”，拟质押★★股份高管限售股约154万股，占总股本比例1.35%，融资规模★亿元。拟申请质押率25%，期限1年，利率7%，预警/平仓线为180%/160%，自有资金出资。资金用于★★。还款来源于★★。目前我司无相关存续业务。

## （二）融入方分析

1. 基本信息。融入方“×××”，上市公司★★的董事长，年薪★★.★★万元。融入方直接持有股票市值约★.★★亿元，所持股票质押比例×%。融入方提供了★★资产证明材料。根据征信报告，融入方及其配偶无负债，为上市公司的银行贷款担保★亿元。

2. 补仓能力。本次交易后，融入方所持股份的★★%已质押，有一定补仓能力。

3. 信用记录。根据征信报告，融入方及其配偶信用记录良好。

4. 股份性质。拟质押股票为高管限售股，2022年★月★日解禁，解禁后受★★减持限制。

## （三）质押物分析

1.★★股份，20★★年成立，位于★★省★★市，20★★年★月在深交所创业板上市。★★及★★是一致行动人，直接和间接持股★★%，是公司的实际控制人。公司是中国专业的★★生产商，产品主要应用于★★等领域，产品定位中端市场，下游客户主要有★★等。

2. 经营情况。2016—2018年，公司营业收入分别为……亿元，三年复合增长率为★★%；扣非归母净利润为……亿元，三年复合增长率为★★%。2016—2018年，公司经营活动现金净流量为……亿元，现金流波动较大，主要是因为……2018年年末，公司营业收入中业务一占★★%，业务二占★★%，其他业务占★%。公司整体销售毛利率约★★%，销售净利率约★%。2019年上半年，公司商誉★★亿元，主要来自……，可能存在减值风险。

3. 财务指标。近3年公司存货周转率、应收账款周转率、总资产周转率未见异常。2019 年 9 月末，公司总资产 ** 亿元，资产负债率 **%，流动比率 *，现金比率 *，EBIT/ 利息倍数 *；公司偿债能力尚可。

4. 研究报告。** 证券（20191217）：公司为 ** 市场龙头，近三年以来业绩稳步增长；产品定位……，近年毛利承压，扩产项目有望进入中高端市场；40 ~ 45 倍 PE 是较合理的。

5. 估值情况。** 股份股票总市值 50 亿元，近期日均成交额 ** 亿元，近 1 月涨幅 *%，近 3 月涨幅 *%。全市场累计质押比例 0%。Wind 资讯数据显示，截至 11 月 27 日该股票市盈率（TTM）为 ** 倍，高于“申万三级行业”中值 **；该股票市净率（MRQ）*，高于“申万三级行业”中值 **，公司 ROA、ROE 略高于行业中位值，总体认为估值较高。

### （四）审核结论

拟同意质押率不超过 **%，金额不超过 * 亿元，期限 1 年，预警 / 平仓线 180%/160%。

风险提示：本次交易后融入方所持股份的 **% 已质押，但是无法排除以后融入方通过股票质押过度融资的风险；** 股份，并购频繁，商誉较高，可能有商誉减值风险；质押股票为限售股，解禁后仍然受大股东和高管减持限制，极端情况下减持不便。

## 第四节　项目评审的重要作用和矛盾冲突

经过尽职调查、项目评审后，应提交公司授权审批机构（一般为信用业务委员会等专业委员会）进行审议，与会委员应根据项目议案、尽职调查报告以及评审意见进行评估，根据最终投票情况形成公司最终的审批结果。专业委员会的委员一般为公司分管领导或相关部门负责人，因工作繁忙，时间和精力有限，不可能像评审人员一样仔细研究项目的方方面面，因此项目评审意见是委员们讨论的主要参考内容。如果项目评审意见是倾向于同意的，与会委员会根据自己的独立判断进行投票表决，结果可能是项目通过、附条件通过或者不通过。如果项目评审意见是倾向于否定的，与会委员会更为谨慎，审议项目后可能难以通过。因此项目评审标准的宽严程度和评审结论的准确性对于项目能否通过审批至关重要。

项目评审工作是非常重要的，尤其是以自有资金出资的股票质押项目，常常某个项目发生亏损会影响金融机构当年的净利润。如果评审标准过于严格，那么就没有业务规模和利润，业务也就无法发展壮大；如果评审标准过于宽松，那么风险较大的项目容易审批通过，很多项目往往是数亿元规模，一旦出现不良，对经办人员、分支机构、业务主管部门以及整个公司，都会造成很大影响。

业务经营部门面临业绩考核压力需要开展业务，项目评审人员一般在风险控制部门，需要严格把控风险，业务人员与项目评审人员的考核目标不一致，两者的矛盾冲突主要集中在项目评审阶段。如果项目评审人员想退回一个项目，必须拿出逻辑合理的依据；如果项目评审人员想同意一个项目，则要把握项目的风险。即项目评审人员的评审结论，必须严谨、合理。

股票质押项目的评审人员要求同时具有专业性和独立性，二者缺一不可。项目评审人员要能够坚持原则。市场上有个别金融机构的股票质押项目频频踩雷，甚至会影响很多经办人员和管理人员的职业生涯。

# 第四章　如何评估个人融入方的信用状况

评估个人融入方的信用状况时，应依次审查身份证件、居住地、职业职务、年度收入、婚姻状况、家庭主要财产、家庭主要负债、对外担保、银行流水、征信报告、诉讼情况，以及融入方存续的股票质押业务明细记录。通过评估资产、债务、担保以及异常信息，可以综合得出个人的信用状况。

## 第一节　审查融入方的基本情况

融入方的基本情况，包括年龄、职业、职位、收入、住所、财产、婚姻状况、健康状况等。融入方的年龄与职位相匹配、收入与住所相匹配、职业与股份来源相匹配，另外还需要关注其年龄与健康状况，本节主要介绍几个需关注的要点。

### 一、资产

融入方提供的资产证明，包括银行存款、房产、土地等资产。

银行存款余额不能仅看最后日期的余额，要以一定周期内日均存款余额为评估基础。资金流水包含交易对象，一般分为对公和对私，根据经验对私的流水一般为个人消费等用途，金额不大；对公的流水与融入方实际经营的业务有关，流水要与尽职调查报告中的其他材料相互验证，根据经验判断其真实性。如果交易对象中存在P2P、小额贷款、消费金融公司等，要关注融入方的隐形负债，这部分负债可能未记录在征信报告中。评审人员需判断资金流水的真实性，因评审人员一般不去现场核查资金流水，仅能依据经验进行判断，资金流水异常的不予采信，注意：ATM机存取款金额只能是整数，结息一般是每月21日。

一般情况下，房产、土地等资产仅是作为体现融入方资产实力的佐证，审查房产时要根据位置、类型、小区或当地的平均成交价，粗略评估房产价值，可以借助搜房网、链家网等房产成交信息进行评估；审查土地时要根据位置、性质以及当地土地成交均价，粗略评估土地价值，可以借助当地房管局网站或Wind金融资讯终端的数据进行评估。自2018年3月股票质押新规施行之后，股票质押触及平仓线时，可以将土地、房产作为担保品。如果房产、土地等资产规模较大，且是依赖的主要还款来源，则金融机构应选择评估机构提供正式的资产评估报告，并派人现场察看资产情况。

## 二、收入

在审查融入方提供的收入证明时，首先应考虑年收入的合理性，综合考虑融入方工作的所属行业、职务等因素，如果年收入过低，不认同其作为还款来源，如果年收入很高且大部分是拟质押股票的分红，也不应视同重要的还款来源，因为当股票出现风险时可能分红不稳定，分红和质押股票的风险具有较大关联性。当融入方是上市公司高管时，可以通过Wind等金融资讯终端查询上市公司高管的薪酬，与融入方提供的收入证明互相验证，以低者为评估基础。

## 三、婚姻状况

根据《最高人民法院关于适用〈中华人民共和国担保法〉若干问题的解释》第五十四条的规定，共同共有人以其共有财产设定抵押，未经其他共有人同意，抵押无效。但是，其他共有人知道或者应当知道而未提出异议的视为同意，抵押有效。

共同共有，是指每个共有人对共有财产不分份额地享有共同的权利，承担共同的义务。共同共有一般基于共同生活、共同劳动而产生，如夫妻共同共有、家庭共同共有等。因此开展股票质押业务时，对于融入方的婚姻状况需要提供证明材料。对于已婚的融入方，其配偶应以协议、承诺或声明等形式，同意将股票质押，同意股票质押融资属于夫妻共同债务，以免产生法律纠纷。

**案例1：某券商与A等股票回购合同纠纷一审民事判决书，北京市东城区人民法院。**

原告：某券商

被告：融入方A、融入方配偶B

…………

被告B认为，其没有参与原告与被告A之间的融资借款行为，其出具的知情权说明，只是作为保证人提供保证责任，原告应先实现物的担保，再要求保证人承担责任。原告认为，被告B签署了知情权说明，承诺和A共同承担债务的偿还工作，被告A所负提前购回义务及由此产生的债务应为二被告夫妻共同债务，被告B应负有共同偿还责任。

本院认为，依据最高人民法院《关于适用〈中华人民共和国婚姻法〉若干问题的解释（二）》第二十四条的规定，债权人就婚姻关系存续期间夫妻一方以个人名义所负债务主张权利的，应当按夫妻共同债务处理。但夫妻一方能够证明债权人与债务人明确约定为个人债务，或者能够证明属于婚姻法第十九条第三款规定情形的除外。本案中，被告A与原告之间因股票质押回购交易形成的债务发生在二被告婚姻关系存续期间，且被告B签署了知情权说明，其知晓被告A与原告进行质押融资的事实，并承诺和A共同承担债务的偿还工作。该承诺属于其对夫妻共同债务的认可，对被告B具有法律拘束力。另外，庭审中被告A陈述称，其从原告处融资的1000万元，用于购买家庭住房、公司经营和家庭生活消费等，且被告A与被告B均没有提出有关该债务为夫妻一方与债权人明确约定的个人债务，或者属于《中华人民共和国婚姻法》第十九条第三款规定情形的相关证据。综上，被告B应对被告A所负原告的债务承担共同偿还责任。

…………

## 四、年龄和健康状况

根据《中华人民共和国民法通则》规定，十八周岁以上的公民是成年人，具有完全民事行为能力，可以独立进行民事活动，是完全民事行为能力人。根据国家卫健委发布的《2018年我国卫生健康事业发展统计公报》显示，2018年我国居民人均预期寿命为77.0岁，健康预期寿命为68.7岁。银行贷款的年龄限制一般是18～60岁，也有的银行规定年龄上限是65岁或者70岁。股票质押项目的期限多为1～3年，因此融入方的年龄应年满18周岁，年龄上限一般可以规定为60～70岁。

一般尽职调查材料中都有融入方身份证复印件，根据融入方的身份证号，可以计算融入方的年龄。对于年龄超过60岁的融入方，需要关注融入方的身体健康状况。通过尽职调查报告材料中的照片或视频，可以初步了解融入方的精神面貌，通过询问赴现场尽职调查的人员，可以了解融入方的健康状况。如果融入方为上市公司实际控制人、高管或者其他行业的知名人士，可以通过网络搜索关于融入方健康方面的信息。

融入方年龄较大，或者身体状况不佳，一般不应开展业务。如果仍然希望开展业务，需追加融入方的子女或亲属作为担保人，当发生意外时方便进行处置。考虑到意外情况发生概率，应降低股票质押率以提高项目的安全边际。

**案例 2：J 股份公告，已逝股东 Z 持有的 500 万股被司法拍卖**

2020 年 2 月 13 日，J 股份公告称，公司股东 Z（已去世）登记持有的公司 500 万股首发前限售股于 2020 年 2 月 3 日至 2020 年 2 月 4 日在京东网络司法拍卖平台上被公开拍卖。

J 股份股东 Z（已去世）因个人财务需求，向深圳某金融机构融资 2 亿元，将其登记持有的公司 500 万股首发前限售股质押给深圳某金融机构，并于 2017 年 10 月 16 日办理了质押登记手续。Z 去世后，深圳某金融机构以自然人 ZC、W（Z 的法定继承人）为被告起诉至深圳市中院。

由于自然人 ZC、W 没有履行生效法律文书确定的内容，原告深圳某金融机构向深圳中院申请强制执行，请求强制 ZC、W 偿付本金人民币 2 亿元及利息、律师费 150 万元、财产保全担保费 16 万元、案件受理费 571500.65 元、保全费 5000 元等。

2019 年 12 月 20 日，深圳中院做出（2019）粤 03 执 1475 号之一《执行裁定书》，裁定强制拍卖、变卖被执行人 ZC、W 持有的 J 股份首发前限售股共计 500 万股以清偿债务。

## 第二节　融入方所持股票的质押比例

个人融入方所持股票的质押比例是非常关键的指标，类似于企业的资产负债率，这个指标对个人融入方的重要程度最高。根据当前市场条件，一般券商都有类似规定："融入方的股票质押比例超过70%禁止开展业务"，可能有的券商限制更严格，有的券商限制略宽松。

2019年10月25日，沪深交所分别修订《第四十六号 上市公司股份质押（冻结、解质、解冻）公告》和《上市公司股东股份质押（冻结或拍卖等）的公告格式（2019年10月修订）》，以控股股东或者第一大股东质押比例50%和80%作为质押风险分层的标准，建立差异化的股票质押信息披露制度，具体要求包括：质押比例超过50%的，除一般披露要求外，还要求披露累计融资额、融资用途、还款资金来源及资金偿付能力等关键信息，以及高比例质押对上市公司的生产经营、公司治理、业绩补偿义务履行等的影响；质押比例超过80%的，还要求进一步披露股东详细资信情况、高比例质押的原因及必要性、拟采取的风险防范措施、与上市公司资金往来、质押风险评估情况等信息。从上述信息披露规则来看，也可以认为质押比例在50%以下是较安全的，股票质押比例在80%以上是风险较大的。

股票质押比例仅反映了融入方资产抵质押的比例，是一种现象，与融入方的实际债务负担可能略有区别。如果融入方将全部股票都质押了，但是融资金额很小，也是安全的，因此融入方的实际融资金额与股票市值的比例，是更好的指标。目前市场上股票的平均质押率在35%左右，如果以质押比例为70%为限制，则实际融资金额与股票市值的比例小于25%时，是市场可接受的水平，以"实际融资金额与股票市值的比例"来评估融入方股票质押融资的可持续性较为合理。

融入方如果与第三方是一致行动人，除单独按照融入方计算上述指标数据外，还要将融入方及一致行动人合并计算上述指标数据，或者将融入方与（直系）亲属合并计算上述指标数据，然后进行评估，通常应该以融入方与（直系）亲属的合并计算数据为准。

另外，还要关注融入方开展融资融券的情况，一般上市公司会在年报、半年报或季报中披露。在信用账户的股票应视同已被质押的股票，融资金额应视同负债。

**案例 3：融入方及其一致行动人所持股票的质押比例较高**

融入方 A 持有某上市公司 16% 的股份，是上市公司实际控制人，融入方 A 已将持有股票的 50% 用来质押融资，本次融入方 A 拟以上市公司总股本 2% 的股票申请质押融资。融入方的儿子 B 持有上市公司 10% 股份，均已质押。假如金融机构管理制度中要求融入方的质押比例上限为 70%。

评审意见：本次交易后，融入方 A 所持有股票的 62.50% 已质押，未超金融机构制度中规定的质押比例上限 70%。但是，本项目还需考虑融入方之子 B 的股票已全部质押。融入方 A 及其儿子 B 合计持有上市公司 26% 的股份，本次交易后占上市公司 20%（8%+2%+10%）的股份已质押，那么 A、B 二人所持股票的质押比例为 76.92%，超过金融机构制度中规定的质押比例上限 70%，不建议开展该业务。

**案例 4：融入方所持股票用于质押或担保的比例较高**

融入方 C 持有某上市公司 24% 的股份，是上市公司实际控制人，融入方 C 已将持有股票的 50% 用来质押融资，本次融入方 C 拟以上市公司总股本4%的股票申请质押融资。其配偶D持有上市公司6%股份，均在信用账户作为担保物开展了融资融券交易。假如金融机构管理制度中要求融入方的质押比例上限为70%。

评审意见：本次交易后，融入方C所持有股票的66.67%已质押，未超金融机构制度中规定的质押比例上限70%。但是，本案例还需考虑融入方配偶D的股票作为融资融券担保物的情况。融入方C及其配偶D合计持有上市公司30%的股份，本次交易后占上市公司22%（12%+4%+6%）的股份已质押，那么C、D二人所持股票的质押比例为73.33%，超过金融机构制度中规定的质押比例上限70%，不建议开展该业务。

企业反映偿债能力的常用指标是资产负债率，那么个人的偿债能力如何评估呢？最简单的方式就是统计融入方的所有资产和负债，也用资产负债率进行评估。然而，融入方持有的股票属于价格波动很大的资产，可能不能像土地房产那样全额计入资产。笔者推荐以下方法供大家参考：

深交所网站上会定期公布股票质押的平均质押率（假定为35%），个人所持有的股票×35%计入个人资产，即个人的资产负债率=（银行贷款+股票质押融资+其他金融机构借款+信用卡透支额度等）/（股票×35%+房产+其他易变现资产）。如果依该公式计算出个人的资产负债率超过70%，则认为债务负担较重，再融资能力较弱。

## 第三节　融入方的或有负债

或有负债指过去的交易或事项形成的潜在义务，其存在须通过未来不确定事项的发生或不发生予以证实。最常见的就是对外担保和业绩承诺。

## 一、对外担保

如果融入方控股的公司开展实际经营业务，当这些公司在银行等金融机构融资时，实际控制人往往会提供担保，或者为上游供应商、下游客户的银行贷款提供担保或互保，更容易产生隐形负债。

征信报告上有关于融入方的担保信息，但主要限于银行等金融机构，部分未上征信的金融机构或类金融机构的担保信息无法查询到。如果征信报告的查询记录较多，存在担保情况的可能性较大，因此要关注融入方的隐形担保情况。

尽职调查人员在现场尽职调查时应正面或侧面地调查融入方的担保情况，包括被担保方、担保金额、代偿风险大小等信息，供评审和审批人员参考。

评审人员应综合评估对外担保的规模、代偿概率、预计代偿金额，以判断对融入方的信用状况的影响。如果认为对外担保规模相对净资产较大，而且代偿概率较高，对融入方的信用状况有实质影响，则应谨慎开展业务。

## 二、业绩承诺

沪深交易所《股票质押式回购交易及登记结算业务办法（2018 年修订）》规定，融入方所持有股票涉及业绩承诺股份补偿协议的，在相关业绩承诺履行完毕前，证券公司不得允许集合资产管理计划或者定向资产管理客户作为融出方参与相应股票质押回购；证券公司作为融出方参与相应股票质押回购的，应当切实防范因融入方履行业绩承诺股份补偿协议可能产生的风险。

融入方的资产在被上市公司收购时，有时会做出业绩承诺，当业绩承诺无法完成时，融入方面临股份或现金补偿，直接导致融入方的资产减少，如果融入方的股票全部被质押又无其他资产，则易发生违约事件。因此，评审时需要评估融入方完成业绩承诺的可能性。

业绩承诺的目标一般为连续三年净利润（也有要求连续一年、两年、四年或五年的净利润）到达预定目标。在分析业绩承诺时，需要查阅并购重组时的相关资料，一般在 Wind 等金融资讯终端查询并购预案，尤其关注并购资产的所属行业、主营业务、往年净利润，综合评估未来经营业绩情况，基本上可以参照上市公司股票的分析框架来预估完成业绩承诺的可能性。往年的业绩承诺完成率也是一个简单的评估指标，一般完成率刚刚超过 100% 的，可能属于勉强完成业绩承诺，真实盈利质量未必可靠，未来年份能否完成业绩承诺就可能存在不确定性。如果往年业绩承诺完成率超过 120%，则可以看作资产质量较好，未来年份完成业绩承诺的可能性较大。以上是根据经验判断，有兴趣的读者可以进行实证分析。

如果业绩承诺的净利润占上市公司净利润的比重较大，一旦业绩承诺无法完成，则会影响上市公司股票的价格，因此融入方和股票的风险也是高度关联的，应大幅降低质押率才能开展业务。

**案例 5：业绩对赌之殇**

近年来，随着政策鼓励和放松，并购重组不仅成为一些成长型企业做大做强的重要法门，也俨然是一些绩差公司和 ST 公司的最后一根“救命稻草”。在诸多并购案例中，为达到被收购目的，交易双方往往在交易方案中签署业绩对赌协议，给出相较往年业绩超高的业绩承诺，然而遗憾的是，即便是存在业绩对赌协议的约束，依然有很多业绩承诺方不信守承诺，有未完成业绩或赖账不还的现象发生。

依据Wind数据统计，2015—2018年间，涉及业绩对赌的上市公司数量多达1416家。考虑到其中部分公司并未在年报中披露其对赌完成情况，已披露对赌业绩的上市公司中，业绩承诺完成比例低于100%的公司就有132家，而业绩承诺期，相关被收购标的净利润不达标甚至亏损的公司还有62家。

既然存在如此之多的被收购标的无法如期完成业绩承诺的情况，显然这对相关收购方的业绩影响是不容小觑的，轻的因被收购标的无力兑现业绩承诺而拖累业绩，重的甚至会因此面临暂停上市风险。

…………

上述内容摘自《证券市场红周刊》，2019-08-13。

**案例6：某上市公司刚过业绩承诺期就爆雷**

由于原上市公司主营业务不佳，2014年被CC影视借壳，主营业务转变为电视剧投资、制作与发行及其衍生业务。

当初借壳上市时，CC影视的估值高达22.91亿元，增值率高达381%，一度引发市场非议。为此，收购方承诺2014年、2015年及2016年三年对赌期内扣非归母净利润分别不低于1.93亿元、2.19亿元及2.43亿元。在借壳上市后，CC影视先后斥资约29亿元开启疯狂并购之路。CC影视的业绩承诺最终还是没能完成，2014—2016年扣非净利润分别为1.79亿元、2.03亿元和2.28亿元。

随着承诺期结束，2017年CC影视业绩开始大幅下降，公司当年扣非净利润仅1.08亿元，同比大降52%，而到了2018年更是曝出了扣非后巨亏4.3亿元的业绩。

除了业绩一路下滑，CC影视还面临着资金面紧张等问题。数据显示，截至2018年底，公司资产负债率高达82.41%，而2014年底公司的资产负债率仅为35.43%，四年的时间负债率就翻了一倍多！

2019年1月，CC影视公告称，控股股东持有的部分股份被司法冻结。2019年4月，上市公司部分银行账户及子公司股权被冻结。

最近一年多，CC影视各种利空频发，公司股价也是直线下滑，去年股价被腰斩，今年大盘反弹该股依然下跌，如今股价仅剩五年前借壳时高点的一成多，投资者真是欲哭无泪。

…………

上述内容摘自新浪财经/富凯财经，2019-5-24。

业绩承诺的股份补偿和股票质押产生冲突时怎么处理呢？上市公司要求承诺股东履行业绩补偿的权利，是一种请求权，属于债权。按照物权法、担保法等相关法律的规定，股票质押属于担保物权，担保物权应优先于包括业绩补偿在内的债权优先受偿。

但是，由于业绩承诺股份补偿涉及的利益相关方比较多，且利益关系复杂，如果保障质权的优先权，则上市公司的中小股东利益将受损；如果股票用于业绩补偿，则不符合法律规定。因此，在面临这一矛盾时，实践处理起来可能会遇到一些难题。

## 第四节 关于上市公司实际控制人

上市公司实际控制人，从社会地位、资源调动能力、资产规模等方面，都拥有较大的优势，一般来说应该是优质客户，但是从实际经验来看并不是绝对的，因股票质押爆仓从而导致实际控制人发生变更的情况时有发生。为什么这么多上市公司的实际控制人会发生股票质押风险呢？

首先，资产规模大、资源调动能力强，只是反映个人资产状况的指标之一，另一个重要的指标是负债规模，二者综合起来才能反映其实际债务负担。银行在给企业授信时，一般要求资产负债率不超过70%，同理，个人的资产负债率过高也很容易发生信用风险，不能单纯根据资产规模的大小来评估信用风险。

其次，上市公司实际控制人在所属行业领域内拥有较强的经营管理能力，且已经得到社会和市场的认可，相当一部分人自信心较强，于是就通过股票质押融资开展多元化经营或者股权投资，但是隔行如隔山，贸然进入新的行业，经营或投资失败的概率较大。由于股票质押融资期限较短，短期内无法收回投资成本，到期也无法及时偿还负债，在逐年利息的累积之下债务负担越来越重，股票质押比例越来越高，股票价格本就波动较大，一旦股票价格触及平仓线就面临违约风险。对于上市公司实际控制人来说，持有的股票可能是其最优质的资产，股票质押是最快捷的融资方式，但是股票质押的期限较短，而股权投资或生产经营难以在短期内收回现金，即使融入方负债率不高，也很容易发生流动性风险。

最后，如果小股东开展股票质押业务，融入方的信用状况良好、质押股票价值充足，二者有其一就能保障资金安全，风险有一定的分散性。上市公司实际控制人如果发生负面事件，上市公司有责任按照信息披露要求进行披露，从而导致股票价格下跌，因此一旦上市公司实际控制人出现信用问题，则质押股票的价格也会迅速下跌，股票价格下跌会进一步导致股票质押需要补仓，形成恶性循环，最终造成债务违约。

另外，当上市公司实际控制人的债务负担较重时，有的会铤而走险从上市公司非法挪用资金，从而导致股票价格大幅下跌。一些研究文献通过实证分析得出结论：实际控制人股票质押会强化侵占效应，股票质押比例越高的公司，代理问题越严重；实际控制人股票质押陷入困境后，更加有动力掏空上市公司，最终损害质押股票的价值。因此当上市公司实际控制人开展股票质押业务时，融入方和质押股票的风险具有很强的关联性，融入方和股票的资质必须同时都好才能开展业务，适当降低质押率是常用的手段。如果融入方与上市公司的实际控制人相同，或者融入方与上市公司的实际控制人存在密切的关联关系，则也应认为融入方与质押股票的风险具有很强的关联性。

当然，上市公司实际控制人也有优势，上市公司控股权拥有一定溢价，如果能转让控股权，有利于提升债务的清偿率，但是实际控制人拥有的股票往往限售或有减持限制，使得处置周期较长，金融机构对这类股票质押项目应提高交易条件。

**案例 7：A 股无股不质押现象严重：404 家公司股票质押触平仓线**

股票质押已经成为 A 股股东融资的重要方式，A 股上市公司“有股皆质押”的现象越来越多。第一财经统计，A 股 3526 家上市公司中有 97 家上市公司没有进行股票质押，占比仅为 2.8%。Wind 资讯数据显示，截至 6 月 12 日，以当日收盘价计算，A 股质押的总市值达 5.94 万亿元。

截至 2018 年 6 月 12 日，据第一财经统计，质押比例超过总股本 50% 的上市公司有 129 家，股票质押比例最高的公司，质押比例达 78%。

统计数据显示，404 家上市公司控股股东股票质押触及平仓线，市值达 3289 亿元。……当遭遇股份平仓，部分股东会采取一定措施，大多是先停牌随后多采用追加保证金、补充质押物或提前还款等方式，避免发生其质押股票的平仓风险。但极端的情况是，股东所质押的股票被强平。近期

A 股再次出现多家上市公司发布公告应对股票平仓风险。

…………

上述内容摘自《第一财经》，2018-06-13。

## 第五节　审查征信报告

融入方提供的征信报告格式是多种多样的，信息的详细程度也不同。一般来说，征信报告分五部分内容，分别是个人基本信息、信息概要、信贷交易明细、公共信息明细和查询记录。

个人基本信息会记录借款人的个人姓名、学历、出生日期、年龄、家庭住址、联系方式、婚姻情况、工作单位及电话、学历、配偶信息等内容。评审人员应将这些信息和尽职调查报告等材料做核对。首先应核对征信报告上的姓名是否与融入方一致，其次需要注意征信报告的时效性，征信报告的日期是否是近期的，是否有不一致的地方或存在虚假的资料，如有异常应进一步要求融入方提供说明。金融机构在制度上应明确几个月以内的征信报告是有效的。

从信息概要能看出总逾期金额、逾期月份数和负债总金额。如融入方有逾期记录，需要查阅信贷信息明细中的逾期金额、逾期时间，一般来说逾期金额越小、逾期还款时间越早，对客户信用状况的影响越小。对于个人来说，忘记还信用卡可能是较为常见的，一般来说，有几次信用卡历史逾期记录，对个人信用状况无实质影响。如果是房贷或者个人生产经营贷款，有大额且逾期 90 天以上的情况，则有理由怀疑融入方的信用记录，需让融入方提供关于逾期的说明材料。如果是融入方当前有大额贷款逾期，则应审慎开展业务。

通过信贷信息明细，可以评估融入方的债务负担及流动性。信贷信息明细应重点审查以下几个方面：贷款机构、贷款余额、贷款类型、每个月的还款金额等。国内接入征信系统的金融机构主要是银行，也包括部分信托公司、财务公司、金融租赁、汽车金融、券商、保险等机构，另外可能还有个别小贷公司或 P2P 公司。如果发现融入方从非主流的机构比如小贷公司或 P2P 公司等贷款，应予以特别关注。另外，还需要审查融入方的对外担保情况以及担保的五级分类，判断可能发生的代偿风险。

征信报告查询记录的数量，反映了融入方在金融机构借款或者对外担保的频繁程度。如果融入方控制的企业在金融机构借款，可能要求融入方提供担保。如果融入方征信报告的查询记录较多，要关注融入方隐形的对外担保情况。

## 第六节　审查资金用途

沪深交易所《股票质押式回购交易及登记结算业务办法（2018 年修订）》规定，券商的业务协议应明确约定融入方融入资金存放于其在证券公司指定银行开立的专用账户，并用于实体经济生产经营，不得直接或者间接用于下列用途：

（一）投资于被列入国家相关部委发布的淘汰类产业目录，或者违反国家宏观调控政策、环境保护政策的项目；

（二）进行新股申购；

（三）通过竞价交易或者大宗交易方式买入上市交易的股票；

（四）法律法规、中国证监会相关部门规章和规范性文件禁止的其他用途。

融入资金违反前款规定使用的，业务协议中应明确约定改正措施和相应后果。

在银行业，如果信贷资金使用与申请贷款时的用途不符，则有可能被认定为骗取贷款罪，因为借款人通过虚假的资金用途申请到贷款，投向高风险领域，可能给银行带来很大损失。证券行业的股票质押融资未必适用刑法，但是虚假的资金用途仍然会给券商带来较大风险。审查股票质押的资金用途主要考虑三个因素：资金需求明确、预期收益能够还本付息、融资期限与投资回收的期限是否匹配。

首先，资金需求是客观存在的，不是杜撰的，融入方提供了可行性分析等材料，可以认为资金用途是明确的、合理的，融资金额与资金需求规模能够匹配。其次，评审人员需要评估资金投向的风险收益，要求预期收益能够还本付息或者有光明的业务远景。另外，需要评估融资与投资回收的期限匹配情况，期限匹配是一种流动性风险的评估，尤其是非上市公司股权投资等期限不确定，一般股票质押融资期限在 1 ~ 3 年，如果投资回收的期限超过融资期限，应评估融入方的流动性管理水平和再融资能力。

按照监管规定，券商在放款后要跟踪资金用途。申请立项的资金用途应与贷后管理中收集的资金证明材料相符，如不相符应督促融入方整改。如融入方变更了资金用途，且新的资金用途合规、风险可控，应履行公司内部的资金用途变更流程，审批通过后可视同不违反协议。如资金用途不合规或风险不可控，且融入方无法整改，应要求融入方提前购回。

**案例 8：资金用途方存在瑕疵**

某融入方申请股票质押融资，资金用于“××省××科技有限公司”的股权投资及科研生产流动资金，但是资金用途方“××省××科技有限公司”，有 2 次被列入失信被执行人，因此不宜开展该项目。

## 第七节　评估还款来源

融入方常见的还款来源有：现金、经营现金流、再融资、可变现资产等。

一般融入方很少长期持有大量现金，融入方支付利息获得的资金不可能闲置，因此对大额融资来说，现金一般并不是合理的还款来源。

有的融入方控股或经营着企业，如果以企业的经营现金流作为主要还款来源，审查时应评估该企业的经营情况，尤其是经营活动现金净流量的情况。

再融资能力一般是较为可行的还款来源，未抵押的房产、未质押的股票等资产均是再融资可预见的保障。虽然审查时无法判断融入方继续抵质押融资的行为，但是仍然可以认为，未抵质押的资产越多，股票质押项目的安全性越有保障。笔者曾经见过有融入方同时向多家金融机构申请股票质押融资，审查时大部分股票未质押，等上市公司公告时，融入方的全部股票都已质押。为了避免这种情况发生，一般要在交易协议中限制融入方所持股票的质押比例不能超过一定比例（如 70%）。

其他资产的变现也是一种还款来源，但是需要评估资产的流动性和价值波动性，如果流动性不足且价格波动性大，则不是很好的变现资产。

对上述还款来源应进行综合评估，如果还款来源的可靠性不足，也可适当降低股票质押率，将股票变现作为一种还款来源。这时还应该考虑股票的限售和减持限制，短期内能够通过集中竞价交易方式减持的股票视同流通股，如果不能在短期内通过集中竞价交易方式减持，则应视同限售股，应进一步降低股票质押率。

# 第五章 如何评估企业融入方的信用状况

企业融入方的信用状况，可以通过评估经营情况、资产、债务、对外担保以及异常信息等因素综合得出。

审查企业融入方时常见的材料包括：工商执照、实际控制人、主营业务、三年一期经营业绩、资产负债率、主要资产质量、债务期限、对外担保、征信报告、持有股票的质押比例等。在审查企业融入方的相关资料时，有些方法与个人融入方类似，包括审查征信报告、融入方的对外担保、融入方的业绩承诺、资金用途、还款来源、融入方所持股票的质押比例等，这里不再赘述。

通过股票质押融资的企业多为非上市公司，其财务报表的质量可能不尽如人意，应尽量获取经审计的财务报表，首先判断财务报表的质量，尤其是主要资产质量、盈利质量，其次再结合负债情况评估企业的信用状况。

企业的偿债资金来源一般有现金、经营现金流、再融资、资产变现等方式，而实际上，企业在账户上存有大量货币资金时资金使用效率较低，企业经营现金流一般难以覆盖融资本息，因此企业还款主要依赖于再融资，再融资困难时只能卖出资产变现，因此融入方的再融资能力和资产变现能力变成审查重点，这与传统的理论似乎不太相符，可能原因主要还是股票质押融入方的资质较差。

金融机构、国资委管辖的评级 AAA 的央企，基本不会通过股票质押融资，这类机构信用状况非常好，可以通过发行债券、银行贷款等低利率的融资渠道融资。常见的企业融入方有以下几种类型：持股平台、一般工商企业、大型控股集团、地方城投，这几种类型的企业各有特点，下面将分别阐述。

## 第一节 持股平台的信用状况

融入方是持股平台时，财务报表很简单，一般有如下特点：主要资产是持有的股票（长期股权投资科目），主要负债为股票质押融资（短期借款科目），其他应收款金额较大，一般是将资金转出用于股权投资或企业经营。融入方的营业收入为0或很少。持股平台的财务报表重要性不高，融入方的偿债能力主要取决于所持股票的质押比例。除股票外，持股平台基本无其他财产，开展业务时应由实际控制人提供担保。

评估持股平台的信用状况主要评估两个方面：（1）融入方所持股票的质押比例，目前市场上普遍采用的标准是该比例不超过70%，也可以用融资金额占持有股票的市值来衡量，根据经验，一般情况下该比例不超过25%是较为安全的（详细内容参见第四章第二节的内容）；（2）融入方的负面信息，信息来源可参考征信报告、中国执行信息公开网、信用中国网、裁判文书网、天眼查、启信宝等信息渠道。

**案例1：某持股平台E的信用状况**

融入方E是持股平台，其主要资产和负债是长期股权投资、短期借款、其他应收款，意味着融入方先通过股票（长期股权投资科目）质押融资（短期借款科目），然后将融资转出企业（计入其他应收款科目）。

某持股平台E的××年9月末资产负债和利润如表5-1（a）和表5-1（b）所示。

表5-1（a） 某持股平台E的XX年9月末资产负债表（单位：万元）

| 资产 | 年初余额 | 期末余额 | 负债和所有者权益 | 年初余额 | 期末余额 |
|---|---|---|---|---|---|
| 流动资产： | | | 流动负债： | | |
| 货币资金 | 1585.35 | 6.14 | 短期借款 | 229502.38 | 18734.03 |
| 应收账款 | | | 应付票据 | | |
| 预付款项 | | | 预收款项 | | |
| 应收股利 | | | 应交税费 | | |
| 其他应收款 | 82786.21 | 87493.72 | 应付利息 | 48.77 | 2.61 |
| 存货 | | | 其他应付款 | 316.07 | |
| 流动资产合计 | 84387.22 | 87516.98 | 流动负债合计 | 23329.10 | 18736.63 |
| 非流动资产： | | | 非流动负债： | | |
| 可供出售金融资产 | | | 长期应付款 | | |
| 长期股权投资 | 72025.10 | 90766.82 | 非流动负债合计 | | |
| 固定资产 | | | 负债合计 | 23329.10 | 18736.63 |
| 商誉 | | | 所有者权益： | | |
| 长期待摊费用 | | | 实收资本 | 134967.07 | 161434.07 |
| 其他非流动资产 | 217.23 | 217.23 | 未分配利润 | −1671.48 | −1674.51 |
| 非流动资产合计 | 72242.31 | 90984.04 | 所有者权益合计 | 133300.43 | 159764.39 |
| 资产总计 | 156629.54 | 178501.03 | 负债和所有者权益总计 | 156629.54 | 178501.03 |

表5-1（b） 某持股平台XX年9月末的利润表（单位：万元）

| 项目 | 本期金额 | 上年金额 |
|---|---|---|
| 一、营业收入 | | |
| 减：营业成本 | | |
| 销售费用 | | |
| 管理费用 | 51.06 | 811.17 |
| 财务费用 | 883.24 | 1351.51 |
| 加：投资收益 | −52.92 | 244.88 |
| 二、营业利润 | −987.22 | −1932.29 |
| 加：营业外收入 | 984.20 | |
| 减：营业外支出 | 199.50 | |
| 三、利润总额 | −3.03 | −1932.29 |
| 减：所得税费用 | | −217.23 |
| 四、净利润 | −3.03 | −1715.06 |

评估融入方信用状况主要评估融入方所持股票的质押比例和负面信息。经过计算，开展本项目后，融入方所持股票的33%已质押，股票质押融资额占所持股票市值的11.20%，有一定安全边际。经查询，融入方无负面信息。这是一个比较常见的融入方是持股平台的案例。

由于持股平台的股票质押比例随时可以根据实际控制人对资金的需要发生变化，因此建议在合同中约定融入方的股票质押比例不能超过××%，否则券商有权提前结束项目，同时由实际控制人提供连带责任担保。

## 第二节 一般工商企业的信用状况

对于一般工商企业，大部分所属行业比较单一，不同行业的资产负债表各有特点，一般资产规模不大，制造业可能固定资产多一些，批发和零售业可能存货多一些，偿债能力需要结合所属行业特点和股票质押比例两个方面来评估融入方的信用状况。

一般来说，非上市公司的报表质量不尽如人意，审计过的报表质量要优于未审计的报表质量，年报质量要优于季报质量。评估财务报表质量时，应注意财务报表中的主要资产是否与企业的主营业务相符，以及盈利是否与经营活动现金净流量相匹配。长期股权投资、短期借款（或其他负债科目）、其他应收款等科目占资产负债表的比重越大，那么财务报表的重要性就越低，融入方的信用状况就越取决于所持股票的质押比例。

传统教科书中描述偿债能力的指标适用于一般工商企业，如流动比率、现金比率、资产负债率、利息保障倍数、短期负债占比等，对这些指标的定义这里不再赘述。值的关注的是要注意财务报表中的长期股权投资账面价值与公允价值是否相符，计算相应的偿债能力指标时，应对长期股权投资的账面价值进行调整。

一般工商企业的流动性管理水平较差，反映在财务指标上就是现金比率很低，流动比率也较低，资产负债率是反映这类企业偿债能力的合适指标。一般教科书或者银行贷款中，企业资产负债率70%是债务负担的重要阈值，但是中小企业融资能力较弱，资产负债率超过50%时，就可能影响再融资能力。如果融入方的资产负债率较低，不建议据此提高股票的质押率，理由同样是对报表的真实性和准确性难以核实。目前券商在做股票质押业务的尽职调查时，受尽职调查时间和成本的限制，难以全面核实报表的真实性和准确性。如果融入方的资产负债率较高（比如房地产等行业的公司），则不再考虑融入方偿债能力对项目的安全保障，应将重点放到质押股票上，通过降低质押率保障资金的安全性。

其他反映偿债能力的指标，由于财报报表质量或者区分度较差等原因，可能难以发挥作用。例如：利息保障倍数，如果财务报表中缺少应付利息等数据可能难以计算；短期负债占比，由于中小企业融资能力弱，可能难以获得长期融资，区分度较弱。

实际工作中遇到的一般工商企业，主营业务比较简单，长期股权投资、短期借款、其他应收款规模较大，如果“（长期股权投资+其他应收款）/总资产”的比例很大，说明股票质押融资占比很高，这时企业所持有股票的质押比例就很重要（相关评估情况参见第四章第二节的内容），可参照持股平台或者个人融入方的信用评估方法。

**案例2：某工商企业G的信用状况**

某工商企业G属于批发零售业，从表5-2（a）所示的资产负债表可以看出该企业有一定规模的存货，固定资产规模较小，与企业性质相符；从表5-2（b）所示的营业收入和营业成本来看，企业应存在实际经营行为。

表5-2（a）　某工商企业G的XX年9月末资产负债表（单位：万元）

| 资产 | 年初余额 | 期末余额 | 负债和所有者权益 | 年初余额 | 期末余额 |
|---|---|---|---|---|---|
| 流动资产： | | | 流动负债： | | |
| 货币资金 | 1081.00 | 679.19 | 短期借款 | 18409.69 | 18939.00 |
| 应收账款 | 249.45 | 572.31 | 应付票据 | | 2140.00 |
| 预付款项 | 282.88 | 601.66 | 预收款项 | 27.02 | 676.07 |
| 应收股利 | | | 应交税费 | 9.61 | 4.64 |
| 其他应收款 | 17473.61 | 22143.81 | 应付利息 | | |
| 存货 | 4150.00 | 2514.30 | 其他应付款 | 999.45 | 197.01 |
| 流动资产合计 | 23236.93 | 26511.27 | 流动负债合计 | 19445.77 | 21956.72 |
| 非流动资产： | | | 非流动负债： | | |
| 可供出售金融资产 | | | 长期应付款 | | |
| 长期股权投资 | 1953.73 | 2615.11 | 非流动负债合计 | | |
| 固定资产 | 192.88 | 150.15 | 负债合计 | 19445.77 | 21956.72 |
| 商誉 | | | 所有者权益： | | |
| 长期待摊费用 | | | 实收资本 | 457.96 | 457.96 |
| 其他非流动资产 | | | 未分配利润 | 5492.92 | 6947.54 |
| 非流动资产合计 | 2146.61 | 2765.27 | 所有者权益合计 | 5950.88 | 7405.50 |
| 资产总计 | 25396.65 | 29362.22 | 负债和所有者权益总计 | 25396.65 | 29362.22 |

表5-2（b）　某工商企业G的XX年9月末利润表（单位：万元）

| 项目 | 本期金额 |
|---|---|
| 一、营业收入 | 17060.44 |
| 减：营业成本 | 11452.11 |
| 减：销售费用 | 2598.62 |
| 管理费用 | 1392.92 |
| 财务费用 | 174.68 |
| 二、营业利润 | 307.52 |
| 加：营业外收入 | 1151.52 |
| 减：营业外支出 | |

续表

| 项目 | 本期金额 |
|---|---|
| 三、利润总额 | 1459.04 |
| 减：所得税费用 | 4.42 |
| 四、净利润 | 1454.62 |

该企业资产负债表中最显著的科目有长期股权投资、短期借款、其他应收款。通过 Wind 资讯等金融终端查询到，该融入方持有的股票数量在 2000 万股左右，应是上市前就持有的原始股，融入方以成本法核算长期股权投资，因此股票的实际价值远高于账面价值。另外，公司短期借款规模较大，猜测应该是股票质押融资，然后将融到的资金转出公司，用于股权投资或其他用途。这是股票质押融入方很常见的行为。

该企业的营业收入有一定规模，但是营业利润很小，毛利率较低，净利润主要由营业外收入构成，盈利质量一般。

本项目融资后，该融入方合计融资规模达 2 亿元，其持有股票的市值达 8.58 亿元。公司的主要资产是持有股票以及质押融资衍生的资产，其他资产占比较小。公司流动比率为 1.21、现金比率为 0.03，两个指标偏低。资产负债率为 74.78%，如果将长期股权投资账面价值调整为公允价值，则资产负债率为 18.75%，上述偿债能力指标符合该类企业财务报表的特点，评估该融入方的信用状况，需重点关注融入方持有股票的质押比例。本项目融资后，该融入方所持股票的 50% 已质押；本项目融资后，该融入方的股票质押融资金额占股票市值的 22.39%；有一定的补充质押能力，该公司的净利润基本能覆盖融资利息，项目安全边际较高。

## 第三节 大型控股集团的信用状况

对于大型控股集团，可能涉及多个行业，除上市公司外还有大量的其他资产，有的甚至控股多家上市公司，行业特点在资产负债表中可能较难反映，这类企业规模较大，具备发行债券（或可交换债）的能力。传统教科书中对公司信用状况的分析可能都适用于这类企业。

当融入方是持股平台或一般工商企业时，财务报表比较简单，财务报表的真实性和财务质量分析也集中在几个科目，对质押股票的分析可能要重于对融入方的分析。但是对于大型控股集团，这类企业规模较大，在区域内甚至全国都有一定的知名度，行业多元化比较明显，且容易出现投资激进和债务负担重的问题，对融入方的分析和对质押股票的分析应引起同等的重视。大型控股集团的报表相比中小企业要复杂，识别财务报表真实性和财务质量是评估大型控股集团非常关键的环节，评估财务质量时首先需评估主要的资产科目，识别货币资金、应收账款、在建工程、长期股权投资、商誉等科目的构成，追踪财务指标的异常情况。

大型控股集团与一般工商企业有所不同，可能母公司较少从事具体经营业务，企业的实际经营大部分在子公司。作为股票质押融入方的控股集团，由于持有的股票已被质押，相当于集团持有的上市公司资产被质押，这部分上市公司资产应作为质押物进行分析；另外，控股集团利用或者处置上市公司的资产（尤其是货币资金）时，不能损害中小投资者的利益，控股集团的权利受到一定限制。因此在分析控股集团时，首先识别控股集团持有的上市公司股权，然后将控股集团的资产分为两部分，一部分是上市公司资产，另一部分是非上市公司资产。在评估融入方资产时应重点分析非上市公司资产，在评估质押物时应重点分析上市公司资产。

如果集团旗下非上市公司资产由集团母公司直接经营，那么直接分析母公司报表即可，如果不是这样，那么首先在集团合并报表中剔除上市公司的部分，方法是在资产负债表中将上市公司的资产、负债、所有者权益等剔除掉，在利润表中将上市公司的营业收入、净利润等剔除掉；然后将非上市公司资产看作一家企业，分析其资产质量、经营业绩、运营效率、偿债能力等，将评估结果视为融入方的信用水平。如果非上市公司的资产并未显示出很强的偿债能力，则不应考虑融入方的信用状况。如果非上市公司资产的资产负债率高于70%，则应判断为其偿债能力较弱，要评估项目到期还款的可能性，要通过降低股票质押率来保障项目安全性。

如果一家控股集团控股多家上市公司，大部分股票并未质押，则对集团进行整体分析，通过财务指标判断其偿债能力。在评估融入方信用状况时还要对集团旗下上市公司逐个进行简要的分析，包括主营业务、经营业绩、运营效率、偿债能力等，目的在于发现异常，由于上市公司处于公众监督之下，如有异常总会引起公众的关注，因此要多关注上市公司的负面新闻。

如果融入方发行过债券，那么可以通过Wind资讯等金融终端查询债券到期收益率以及到期收益率的趋势，这是市场上众多投资者对于发行人信用水平的总体评判。将融入方发行债券的收益率与信用债基准利率（可以通过Wind资讯等金融终端查询）进行比较，可以判断融入方处于信用评级的哪个级别。如果在AA-及以下级别，说明市场投资者普遍认为融入方信用水平偏弱。如果融入方债券的收益率在10%以上，则要判断其违约风险，应谨慎开展业务；如果债券收益率更高甚至在20%以上，可能小范围的投资者已经知晓融入方的违约事件（比如银行贷款、非标等违约），只是公开市场上未披露相关信息，一般可以出具否定意见。

如果融入方发行过债券，可以查询近期的外部评级报告，评级结果在AA-及以下级别的，视为信用水平较弱。当然也要关注评级结论中的风险提示或关注信息，有些信息也需要引起我们的重视。评级报告中还会披露资产的受限情况，如果货币资金绝大部分属于受限资产，则企业的流动性可能会有问题；如果企业的资产受限比例较高，比如高于30%，则应更详细地评估资产负债率等相关偿债指标。资产受限比例都散落在信评报告或者年报中，不易直接计算出分布规律，只能根据经验进行判断。如果企业的资产受限比例达到40%甚至超过50%，应关注企业的再融资能力、债务能否滚动接续的问题。如果一家公司经常从银行融资，在多家银行获得过授信，那么公司尚未使用的银行授信占授信总额的比例，可以从侧面反映公司的再融资能力，如果该比例低于30%，而且资产负债率较高，可能再融资能力会受到一定限制，信用状况不是很好。如果一家公司仅有一两笔银行贷款，授信额度也较小，那么未用授信占比可能就无法反映再融资能力问题。

如果融入方发行过可交换债，也要引起我们的特别关注。可交换债按发行方式可以分为公募可交换债和私募可交换债，如果私募可交换债的条款无法通过公开信息查询到，需要补充尽职调查。可交换债的一些监管政策，对质押率或维持担保比例的规定比场内股票质押要宽松，有些私募可交换债维持担保比例达到100%即可，远低于场内股票质押130%、140%甚至160%的平仓线，这类可交换债存续期内可能会发生因股票价格下跌无法补充质押物的违约风险。这时融入方所持有股票的质押比例就是很重要的先行指标。融入方是否发行过可交换债，可以通过Wind资讯等金融终端搜索融入方的公司名称或者点击股票的十大股东，然后从金融行为中查到，当然也可以通过尽职调查发现，或通过互联网搜索引擎搜索到。

少数股东权益占比高，容易掩盖集团存在的问题。少数股东权益，是指对子公司不具有控制权的股东所对应的权益，只存在于合并报表中。这部分权益占比一般较低，但是有些企业出现少数股东权益占比较高，甚至高于 100% 的情况。少数股东权益占比过高可能会导致母公司对企业的利润、现金缺少实质的控制力。少数股东权益占比较高，还需要关注“明股实债”的详细情况，这时偿债能力指标难以反映集团真实的信用状况。

上述只是对大型控股集团易出现的问题进行了简要介绍，其他相关内容请参考第六章和第七章的内容，此处不做赘述。

**案例 3：某控股集团的信用状况**

控股集团 A 的总资产约为 160 亿元，主要经营业务涉及房地产、制药、矿业、农牧业、金融业等板块。集团 A 控股上市公司 B（本案例中有些报表科目未列出）。控股集团 A 的 ×× 年资产负债及利润如表 5-3 所示，公司 B 的 ×× 年负债及利润如表 5-4 所示。

表5-3（a）　控股集团A的XX年资产负债表（单位：亿元）

| 资产 | 年初余额 | 期末余额 | 负债和所有者权益 | 年初余额 | 期末余额 |
|---|---|---|---|---|---|
| 流动资产： | | | 流动负债： | | |
| 货币资金 | 21.56 | 26.69 | 短期借款 | 9.88 | 15.61 |
| 应收账款 | 5.31 | 5.29 | 应付账款 | 3.84 | 4.44 |
| 预付款项 | 2.72 | 3.16 | 预收款项 | 12.27 | 9.75 |
| 其他应收款 | 30.46 | 29.13 | 其他应付款 | 27.10 | 19.33 |
| 存货 | 51.26 | 40.40 | 其他流动负债 | 4.58 | 16.96 |
| 其他流动资产 | 3.82 | 6.23 | 流动负债合计 | 57.66 | 69.43 |
| 流动资产合计 | 115.14 | 110.91 | 非流动负债： | | |
| 非流动资产： | | | 长期借款 | 23.38 | 13.66 |
| 可供出售金融资产 | 1.25 | 1.39 | 应付债券 | | 6.10 |
| 长期应收款 | 2.76 | 5.96 | 递延所得税负债 | 4.40 | 4.34 |
| 长期股权投资 | 0.96 | 0.76 | 非流动负债合计 | 34.18 | 18.34 |
| 投资性房地产 | 20.85 | 20.85 | 负债合计 | 91.85 | 87.76 |
| 固定资产 | 6.40 | 6.51 | 所有者权益： | | |
| 在建工程 | 1.86 | 1.24 | 股本 | 4.52 | 4.52 |

续表

| 资产 | 年初余额 | 期末余额 | 负债和所有者权益 | 年初余额 | 期末余额 |
|---|---|---|---|---|---|
| 无形资产 | 1.77 | 2.36 | 资本公积 | 8.11 | 8.10 |
| 商誉 | 21.16 | 18.50 | 未分配利润 | 13.03 | 13.02 |
| 递延所得税资产 | 0.46 | 0.62 | 归属母公司的权益合计 | 30.56 | 30.26 |
| 其他非流动资产 | 2.85 | 2.62 | 少数股东权益 | 52.74 | 54.70 |
| 非流动资产合计 | 59.99 | 61.81 | 所有者权益合计 | 83.28 | 84.95 |
| 资产总计 | 175.13 | 172.72 | 负债和所有者权益总计 | 175.13 | 172.72 |

表5-3（b）　控股集团A的XX年利润表（单位：亿元）

| 项目 | 本年累计 |
|---|---|
| 一、营业总收入 | 20.57 |
| 二、营业总成本 | 24.81 |
| 其中：营业成本 | 13.15 |
| 销售费用 | 0.38 |
| 管理费用 | 2.85 |
| 财务费用 | 2.45 |
| 加：公允价值变动收益 | 1.63 |
| 加：投资收益 | 5.40 |
| 三、营业利润 | 2.90 |
| 加：营业外收入 | 0.01 |
| 减：营业外支出 | 0.07 |
| 四、利润总额 | 2.86 |
| 减：所得税费用 | 1.38 |
| 五、净利润 | 1.48 |
| 归属于母公司所有者的净利润 | 0.96 |
| 少数股东损益 | 0.51 |

表5-4（a）　公司B的XX年资产负债表（单位：亿元）

| 资产 | 年初余额 | 期末余额 | 负债和所有者权益 | 年初余额 | 期末余额 |
|---|---|---|---|---|---|
| 流动资产： | | | 流动负债： | | |
| 货币资金 | 19.15 | 21.58 | 短期借款 | 1.02 | 1.50 |
| 应收账款 | 2.72 | 3.29 | 应付账款 | 0.90 | 2.31 |

续表

| 资产 | 年初余额 | 期末余额 | 负债和所有者权益 | 年初余额 | 期末余额 |
|---|---|---|---|---|---|
| 预付款项 | 1.15 | 0.11 | 预收款项 | 4.23 | 2.01 |
| 其他应收款 | 9.65 | 12.09 | 其他应付款 | 0.66 | 0.59 |
| 存货 | 18.44 | 12.32 | 其他流动负债 | 0.00 | 0.00 |
| 其他流动资产 | 2.67 | 3.39 | 流动负债合计 | 10.20 | 9.27 |
| 流动资产合计 | 53.97 | 54.67 | 非流动负债： | | |
| 非流动资产： | | | 长期借款 | 1.02 | 2.01 |
| 可供出售金融资产 | 0.08 | 0.16 | 应付债券 | | |
| 长期应收款 | 0.41 | 3.65 | 其他非流动负债 | | |
| 长期股权投资 | 0.01 | 0.01 | 非流动负债合计 | 2.51 | 3.46 |
| 投资性房地产 | | 0.34 | 负债合计 | 12.71 | 12.72 |
| 固定资产 | 5.23 | 5.48 | 所有者权益： | | |
| 在建工程 | 1.54 | 0.76 | 股本 | 8.05 | 22.52 |
| 无形资产 | 1.56 | 2.16 | 资本公积 | 48.31 | 33.79 |
| 商誉 | 15.64 | 12.85 | 未分配利润 | 8.95 | 10.23 |
| 其他非流动资产 | 1.71 | 1.48 | 少数股东权益 | 1.73 | 1.77 |
| 非流动资产合计 | 26.68 | 27.50 | 所有者权益合计 | 67.94 | 69.45 |
| 资产总计 | 80.66 | 82.17 | 负债和所有者权益总计 | 80.66 | 82.17 |

表5-4（b）　公司B的XX年利润表（单位：亿元）

| 项目 | 本年累计 |
|---|---|
| 一、营业总收入 | 11.09 |
| 二、营业总成本 | 11.12 |
| 其中：营业成本 | 5.81 |
| 销售费用 | 0.18 |
| 管理费用 | 1.18 |
| 财务费用 | 0.37 |
| 加：投资收益 | 0.26 |
| 资产减值损失 | 4.05 |
| 三、营业利润 | 2.95 |
| 加：营业外收入 | 0.01 |
| 减：营业外支出 | 0.06 |
| 四、利润总额 | 2.90 |

续表

| 项目 | 本年累计 |
|---|---|
| 减：所得税费用 | 1.08 |
| 五、净利润 | 1.81 |
| 归属于母公司所有者的净利润 | 1.91 |
| 少数股东损益 | −0.10 |

这是一个很典型的案例。如果只看集团A合并报表的资产负债率是50.81%，上市公司B的资产负债率是15.48%，粗略分析一下资产负债率都不高，这个项目似乎没什么问题。但是集团A持有的上市公司B的全部股票都已被质押，股票处于停牌状态，停牌前股票跌停，这些信号需要引起我们的警惕并做进一步分析。

期末时点，集团A总资产为172.72亿元，上市公司B总资产为82.17亿元，上市公司B的总资产约占集团总资产的48%，非上市公司资产约占集团资产的52%。首先，集团A对合并报表中的上市公司资产并不能拥有完全的处置权，集团A仅持有上市公司B约30%的股票，合并报表中有规模较大的少数股东权益，集团A对上市公司资产的处置权受保护中小投资者的法律法规限制。集团A拥有全部处置权的仅是上市公司股票，而股票已全部被集团A质押了。因此，集团A股票质押项目的本质是，融入方是集团A非上市公司资产部分（称之为虚拟公司C），质押物是集团A持有的上市公司股票。

其次，我们分析一下集团A非上市公司资产部分（虚拟公司C）的信用状况。虚拟公司C的总资产为172.72−82.17=90.55亿元，总负债为87.76−12.72=75.04亿元，资产负债率为82.87%，经过分析就发现，原来虚拟公司C并不是信用状况良好的融入方。

然后，我们计算一下集团A的少数股东权益占所有者权益的比例：54.70/84.95=64.39%，处于全部上市公司的95%分位数附近。上市公司B的所有者权益为69.45亿元，集团A持股30%，粗略计算剩余大约70%的所有者权益是48.6亿元，集团合并报表中的少数股东权益是54.70亿元，差额约6亿元既可能是非上市子公司带来的少数股东权益，也有可能是明股实债，因金额不大分析就到此为止。

最后，我们再查询一下集团A发行的可交换债。集团A在2016年时发行过可交换债D，3个月后到期，且有回售条款。该回售条款如下："在发行人本期发行的可交换债券到期前6个月内，如果标的股票连续20个交易日内有10个交易日的交易均价低于换股价格的80%，则本期可交换债券持有人有权将其持有的全部或部分可交换债券按照债券面值的112%（含应计利息）回售给发行人"。2017年调整过的转股价为10.78元，近期股价持续低于8.62元（约为转股价的80%），可交换债持有人有权选择回售。根据《××证券关于集团A可交换公司债券重大事项的临时受托管理事务报告》规定，"本期债券存续期间，担保比例应当不低于120%，若标的股票价格出现下跌导致连续10个交易日担保比例低于120%，发行人须在触发该事项之日起7个交易日内向质押专用证券账户追加股票和/或直接追加现金，追加担保后，担保比例需达到120%或以上。截至2018年2月1日，本期债券的担保比例已连续1天低于120%。"可转债条款中规定"若发行人因上市公司发生停牌，则上述计算担保比例的期限应按照停牌前及复牌后标的股票实际交易天数计算"。2018年1月31日股票跌停之后停牌，由于股票停牌期间暂时不计算交易日，也就无法触及追加担保条款。目前集团A可能无法补充质押物，即将面临可交换债违约，股票停牌可能是无奈之举。

## 第四节　城投公司的信用状况

城投公司，是指地方政府投资融资平台，主要从事公益性的基础设施建设、运营和管理。城投公司大部分盈利能力较弱，主要收入来自政府，通过政府补贴的方式实现盈利。

对于城投公司的财务质量，债券投资者有较大异议。城投公司的资产大部分是土地，很有可能是价值不高的荒地或者无法变现的林地等，城投的主营业务盈利较差，经营现金流较弱，偿债主要依赖于政府，基本是土地出让收入。因此审查城投公司的报表时，重点在于其主要资产是否真实、账面价值是否公允。

在债券市场，投资者认为城投公司发行的债券具有政府隐形背书，近年来企业债违约不断，而城投债一直没有出现违约现象，投资者逐渐对城投有了“信仰”。然而，近几年随着中央政府不断约束地方政府的融资行为，严查违规举债等，城投债本身所蕴含的信用风险也逐渐被关注。2018年以来，受信用环境紧缩的影响，逐渐出现了城投公司非标产品到期未兑付的报道，如信托贷款逾期、资管计划逾期等。虽然城投的非标产品违约已经出现，但城投债仍受到机构热捧。

城投债之所以发生违约的概率较低，是因为其违约对地方政府和当地区域的声誉具有较大影响，不符合各方利益。因此如果城投公司出现债务问题，会优先偿还债券，对信托、融资租赁、银行贷款等非标产品的偿还则相对靠后。股票质押融资的偿还优先级也低于城投债，因此开展股票质押时，仍要关注城投公司的偿债能力、地方政府综合实力、质押股票的资质，不能单纯依赖城投“信仰”。

城投公司的信用评估方法建议参照一般工商企业（参照本章第二节内

容）的评估方法，当然也要考虑政府隐性背书提供的增信作用，主要分析要点：城投公司在地方政府众多融资平台中的地位（影响地方政府的偿还意愿）、地方政府的综合实力（影响地方政府的偿还能力）。地方政府信用评级框架如图 5-1 所示。

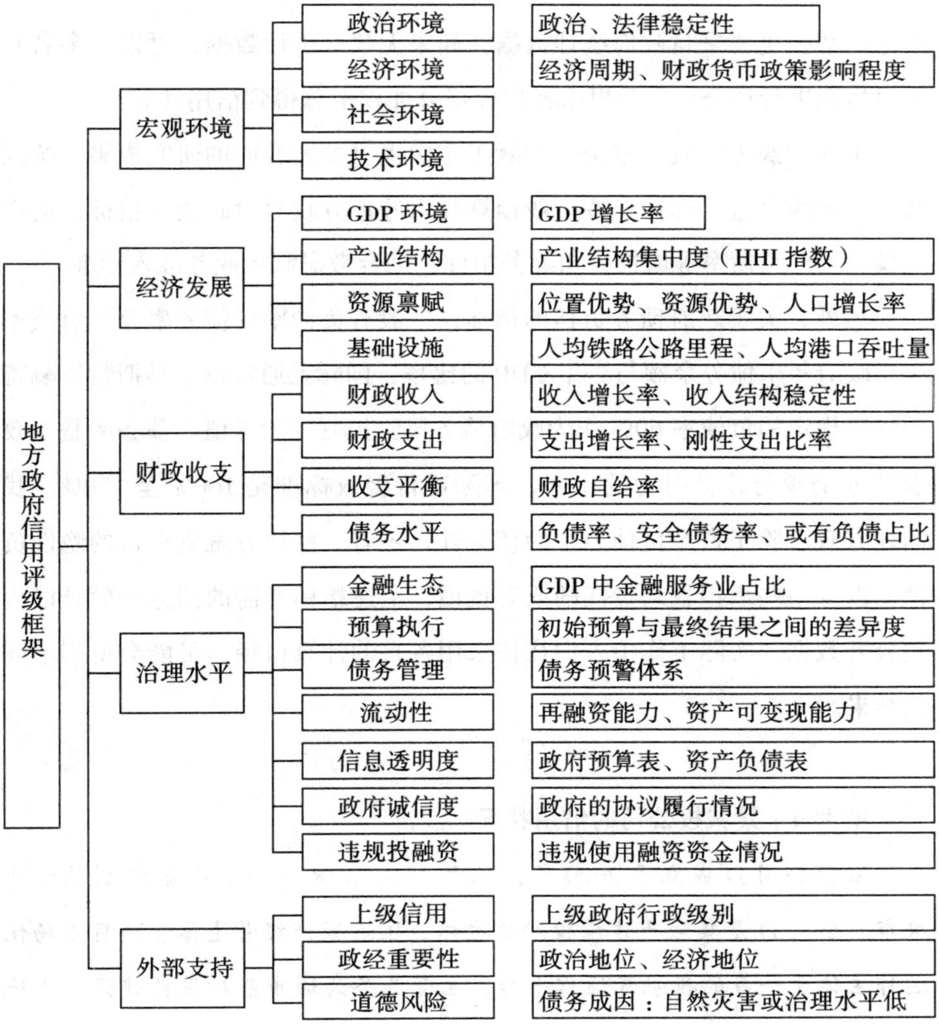


图 5-1　地方政府信用评级框架

国外评级机构和国内评级机构，对于地方政府评级有一些共同的关注要素，分别是行政级别、政府治理水平、经济实力、财政收支、债务负担、上级支持等因素，并根据各因素的影响程度不同设置不同权重；接着明确每个影响因素的评价指标，并根据每个指标的重要程度赋予权重；然后制定评分标准（如每个指标最高 10 分，得分越高，信用状况越好）。各指标的数据主要来自政府统计数据，如果无政府统计数据，可以由多名专家对指标进行评分；最后根据各指标得分加权汇总得到信用评分。

上述评级方法较为复杂，实际工作中也可参考券商的研究成果，按区域和行政级别进行筛选，按一般预算收入等地方政府财政收支指标，资产规模、资产负债率等城投公司财务指标，综合考虑制定业务准入标准。

另外，关于政府债务负担的指标，一般有负债率、债务率等。负债率是指政府年末债务余额与当年 GDP 的比率，国际上通常以“马斯特里赫特条约”规定的负债率 60% 作为政府债务风险控制的参考值。债务率是指政府债务余额与综合财力的比率，国际通行警戒标准是 100% 至 120%。我国地方政府除了资产负债表中的债务外，还有一些地方融资平台的隐性负债，以及一些承担救助责任的或有负债，上述指标所需的债务余额难以找到公开数据。实际工作中人们往往采用各自的计算口径，可能会得到不同的结果。

**案例 4：某城投公司的信用状况**

城投公司 D 成立于 2000 年，位于 ×× 省 ×× 市，行政级别属于地级市。公司 D 是集城市建设投融资主体、国有资产经营主体、项目市场化运作主体于一身的投融资运作平台，主营业务为城市基础设施建设、土地开发、房地产开发、房建施工、市政施工等，实际控制人为 ×× 市国有资产监督管理委员会。

某城投公司D的××年5月资产负债、利润及现金流量情况如表5-5所示。

表5-5（a）　某城投公司D的XX年5月资产负债表（单位：亿元）

| 资产 | 年初余额 | 期末余额 | 负债和所有者权益 | 年初余额 | 期末余额 |
|---|---|---|---|---|---|
| 流动资产： | | | 流动负债： | | |
| 货币资金 | 18.78 | 17.76 | 短期借款 | 1.69 | 4.26 |
| 应收账款 | 4.73 | 4.73 | 应付票据 | 4.12 | |
| 预付款项 | 7.77 | 7.37 | 预收款项 | 4.23 | 7.25 |
| 应收股利 | | | 应交税费 | 0.79 | 0.78 |
| 其他应收款 | 102.26 | 113.15 | 应付利息 | 0.34 | 0.34 |
| 存货 | 55.50 | 61.38 | 其他应付款 | 18.26 | 31.11 |
| 流动资产合计 | 189.03 | 204.38 | 流动负债合计 | 30.22 | 48.37 |
| 非流动资产 | | | 非流动负债： | | |
| 可供出售金融资产 | 25.75 | 25.75 | 长期借款 | 57.98 | 68.62 |
| 长期应收款 | 0.40 | 0.61 | 应付债券 | 17.92 | 17.92 |
| 长期股权投资 | 26.59 | 27.31 | 长期应付款 | 133.21 | 126.47 |
| 固定资产 | 16.02 | 15.90 | 非流动负债合计 | 210.30 | 214.12 |
| 在建工程 | 7.31 | 7.55 | 负债合计 | 240.51 | 262.49 |
| 无形资产 | 65.37 | 65.37 | 所有者权益： | | |
| 商誉 | | | 实收资本 | 7.55 | 7.55 |
| 长期待摊费用 | | | 资本公积 | 80.62 | 80.62 |
| 其他非流动资产 | | | 未分配利润 | 1.07 | −5.44 |
| 非流动资产合计 | 141.47 | 142.52 | 所有者权益合计 | 89.99 | 83.48 |
| 资产总计 | 330.50 | 346.90 | 负债和所有者权益总计 | 330.50 | 346.90 |

表5-5（b）　某城投公司D的XX年5月利润表（单位：亿元）

| 项目 | 本期发生额 | 2017年 | 2016年 | 2015年 |
|---|---|---|---|---|
| 一、营业收入 | | 8.59 | 8.30 | 10.36 |
| 减：营业成本 | 1.36 | 8.02 | 7.41 | 9.09 |
| 销售费用 | | 0.15 | 0.19 | 0.18 |
| 管理费用 | 0.18 | 1.53 | 1.66 | 1.51 |
| 财务费用 | 1.17 | 4.67 | 3.33 | 2.69 |

续表

| 项目 | 本期发生额 | 2017年 | 2016年 | 2015年 |
| --- | --- | --- | --- | --- |
| 加：投资收益 | | 0.80 | 0.04 | 2.39 |
| 二、营业利润 | −1.36 | −4.52 | −4.32 | −1.13 |
| 加：营业外收入 | | 6.31 | 5.68 | 2.83 |
| 减：营业外支出 | | | | |
| 三、利润总额 | −1.36 | 1.79 | 1.34 | 1.60 |
| 减：所得税费用 | | 0.59 | 0.50 | 0.63 |
| 四、净利润 | −1.36 | 1.21 | 0.83 | 0.97 |

表5-5（c）　某城投公司D的XX年5月现金流量表（单位：亿元）

| 项目 | 本期发生额 | 2017年 | 2016年 | 2015年 |
| --- | --- | --- | --- | --- |
| 一、经营活动现金净流量 | 7.47 | −21.31 | −50.96 | −4.55 |
| 一、投资活动现金净流量 | −6.12 | −28.50 | −7.40 | −2.01 |
| 三、筹资活动现金流净流量 | −2.38 | 50.73 | 66.68 | 4.95 |

2018 年 5 月，公司 D 的资产总计 346.90 亿元，负债总计 262.49 亿元，资产负债率为 75.67%，流动比率为 4.23，现金比率为 0.37。截至 2017 年末，公司 D 的营业收入为 8.59 亿元，净利润为 1.21 亿元，经营活动现金净流量为 −21.31 亿元，获得银行授信额度 199.55 亿元，其中已使用额度为 180.25 亿元，剩余额度为 19.30 亿元，受限资产总计 45.53 亿元，占公司总资产的 12.52%。公司 D 刚性债务达 90.80 亿元，长期应付款达 126.47 亿元（公司有部分债务为融资租赁，可能记入本科目），公司总债务中纳入地方政府债务 31.04 亿元。公司 D 对外担保 156.22 亿元，担保金额较大。另外，需要关注公司存量土地中 2000 亩土地未办证已入账，2012—2014 年公司未按债券募集说明书要求提前 7 个工作日将资金划归偿债账户，因此公司资产存在一定瑕疵，债务负担较重，盈利基本依赖于营业外收入，经营现金流为负，而且有负面信用记录。

另外，城投公司 D 是 ×× 市重要的市级基础设施投资建设主体，在 ×× 市内占据绝对主导地位，公司与 ×× 市内的主要国企均存在大量的资金拆借和担保行为，如果公司出现债务违约，将会导致全市所有国企收到牵连，可见它的重要性，这也正是城投“信仰”的典型案例。

2017 年 ×× 市政府一般预算收入约 80 亿元，全国 297 家地级市一般预算收入中位数为 110 亿元，综合实力排名约 190 位。2017 年公司收到政府补贴资金 5.15 亿元。

虽然存在各种瑕疵，考虑到融入方在地方城投中的地位和当地政府支持，结合质押股票的情况，该项目也是可以开展的。

## 第五节　融入方的负面事件

实际工作中因融入方原因而否决项目，大部分是由于融入方股票质押比例高或者存在负面信息、存在不良信用记录、已经或即将触发违约，而不是由于单纯的某个财务指标较差（如资产负债率高）。融入方存在负面事件大部分会在尽职调查阶段发现，但是审查时仍要仔细核查，除关注融入方外，还要关注融入方主要子公司和融资用途投向的公司，如果发现存在股权被冻结、被列入失信被执行人、股票质押业务被平仓或被动减仓等情况，一般应出具否定意见。

**案例 5：融入方存在担保代偿的情况**

融入方 E 申请股票质押融资，质押股票资质略差，上市公司基本可以看作市值 50 亿元的壳公司。

审查时发现融入方 E 持有的股票一直在被动减仓。原来融入方 E 有大股东 F 和小股东 G，小股东 G 在信托公司融资，融入方 E 以股票为其担保。F是融入方E和上市公司的实际控制人。因为融入方E对G担保的事情迟迟无法解决，股票一直被平仓。融入方E的大股东F和小股东G为此事存在司法诉讼。融入方E所持股票的质押比例也超过了70%。这个项目情况很复杂，应尽量避免开展该项目。

## 第六节 关注场外股票质押记录

股票质押的风险大小并不在于是场内股票质押还是场外股票质押的形式，而是依赖于融入方信用状况、股票资质、质押率、平仓线等交易条件。如果场内股票质押和场外股票质押的交易条件是相同的，那么两者承担的风险也是一样的。

实践中，场外质押的资金多为信托或民间资金，资金成本要求较高，能接受较高资金成本的股票质押项目，多少存在一些瑕疵，如融入方质押比例高、股票资质差、股票质押率高等，因此场外股票质押的交易条件可能比场内股票质押的交易条件要宽松，当出现股票市场波动时，场外股票质押更容易发生资金损失。

如果融入方的股票质押历史记录中有较多信托、非金融机构时，要留心股票质押项目可能存在一定瑕疵，导致融入方无法以场内股票质押方式获得较低利率的融资。审查时一定要弄清楚融入方开展场外股票质押的利率、质押率以及接受场外股票质押的原因，计算融入方的实际融资金额与股票市值的比例，判断融入方是否已过度融资。

有一种例外情况，境外股东持有境内A股股票，不方便在证券公司办理场内股票质押业务，但是可以在中登办理股票质押登记，也就是可以做场外股票质押业务。

## 第七节　担保人及增信效力

当融入方资质不佳或存在一定瑕疵时，可以要求第三方为本项目提供担保。担保方为个人时，需按照第四章介绍的评审方法审查担保方的相关材料；担保方为企业时，需按照本章介绍的评审方法审查担保方的相关材料，需要分析一旦融入方违约，担保方到底有没有代偿能力。如果担保方有一定代偿能力，则认为担保增信有效；如果担保方没有代偿能力，则认为担保增信效力较低。担保增信效力较低时，也不要随意放弃担保，多一重保障对项目安全性总是有利的。

## 第八节　关于融入方的评审结论

项目的最终评审结论是融入方、担保人、质押股票、公司的风险偏好等一系列因素共同作用的结果。仅依据融入方的信息，除非有合理的逻辑判断项目不可行，否则不应直接得出项目的最终结论，此处介绍一些常见的关于融入方的评审结论：

1. 融入方未发现负面信息，交易后所持股票的质押比例符合公司制度要求，可以开展业务。

2. 融入方征信报告上有历史逾期记录当前无逾期，交易后所持股票的质押比例符合公司制度要求，可以开展业务。

3. 融入方未发现负面信息，交易后所持股票的质押比例接近公司制度要求的上限，建议降低股票质押率至 ××%。

4. 交易后融入方所持股票的质押比例超过公司规定，建议该比例不得超过公司规定的 ××%，且融资规模降至 ×× 元，质押率降至 ××%，如融入方所持股票的质押比例超过公司规定，我司有权要求融入方提前购回。

5. 交易后融入方所持股票的质押比例超过公司规定，质押股票资质较差，不建议开展本项目。

6. 质押股票资质较差，融入方是上市公司实际控制人，不建议开展本项目。

7. 融入方对外担保可能发生代偿风险，对融入方的信用产生一定影响，质押股票资质良好，建议质押率降至 ××%。

8. 融入方对外担保的代偿风险较大，对融入方的信用有重大影响，不建议开展本项目。

9. 融入方对上市公司做出业绩承诺，历史完成率不高，未来业绩承诺能否完成存在不确定性，不建议开展本项目。

10. 融入方年龄较大或健康状况一般，建议由其子女提供担保，质押率降至 ××%。

11. 融入方当前面临债务违约风险，不建议开展本项目。

12. 本项目的资金用途不符合监管规定，不建议开展本项目。

13. 本项目所列举的还款来源均存在不确定性，建议追加第三方担保。

# 第六章　如何评估上市公司股票

股票投资者大致将股票分为蓝筹股和成长股。蓝筹股一般处于发展成熟的行业，企业也达到一定规模，大多是行业中的领军企业，盈利能力强，业绩保持稳定增长，市盈率和市净率都会偏低。成长股一般处于新兴行业，企业扩张迅速，业绩快速发展，市盈率和市净率都会偏高。另外，也有知名的股票基金经理擅长投资重组股，愿意承担高风险去博取高收益，也取得了良好的业绩。不论是蓝筹股还是成长股，股票价格波动都很大，股票投资具有高风险高收益的特点。

然而，股票质押的利息是固定的，股票价格上涨时不享有高收益，股票价格下跌时却有可能发生损失。在股票质押项目评审过程中，对上市公司的资质评估最终反映为质押率的高低，估值低的蓝筹股价格波动小，较安全，可以给予较高的质押率；估值高的成长股价格波动大，需要更低的质押率来降低风险。股票业绩增速快、股票价格涨幅大的股票，未必是良好的质押标的。

股票质押与股票投资对上市公司的研究角度有所不同。股票质押更关注股票价格的稳定性及下限，股票投资可能更关注股票的价值低估或成长性，两者评判股票的角度有所不同，两种业务对同一只股票的评估结果也就不同。

从股票质押角度来看，上市公司的治理结构、控股股东的行为、行业景气程度、竞争地位、经营业绩、盈利质量、运营能力、债务负担、股票市场的波动性、行业估值、盈利预期、市场平均质押率、金融机构风险偏好等因素，都会影响股票的质押率。在项目评审报告中，并不一定涉及所有的内容，但是在评审过程中要分析每个影响因素，重点指明对项目有影响的有利因素和不利因素，将相关基础数据、逻辑分析、观点结论写入项目评审报告中。

## 第一节　上市公司的股权结构

公司股权结构是分析上市公司时必须考虑的首要因素。控股股东背景、大股东数量、大股东持股比例都对企业经营和发展影响深远，常见的股权结构有三种类型：（1）股权高度集中，控股股东直接和间接持股50%以上，拥有绝对控制权，公司治理无法起到制约作用，可能会出现大股东决策失误或者侵害小股东利益的现象。（2）股权高度分散，公司没有实际控制人，所有权与经营权基本完全分离，容易出现管理层控制的现象，可能会发生腐败。（3）股权相对集中，公司拥有较大的相对控股股东，同时还有其他股东具有一定影响力，这是一种相对较合理的股权结构，也是最常见的情况。

项目评审过程中应分析公司的股权结构，识别实际控制人。如果是国企或政府控股，一般企业经营较为稳健，也有可能因为经营效率较低、债务负担重导致上市公司经营不善，但是政府和金融机构支持力度大，控股股东出现风险事件的可能性较低。如果是民营控股，在股权高度集中的情况下要关注经营是否激进、是否存在不公允的关联交易；在股权高度分散的情况下，要关注财务质量以及高管的稳定性。

**案例 1：某化工行业上市公司的股权结构介绍**

某化工行业上市公司，是国内最大的纯碱生产企业之一，1999 年于 ×× 省 ×× 市设立，2003 年 × 月 ×× 日上交所主板上市。×× 为控股股东（持股 ××.××%），×× 为实际控制人（直接和间接持股 ××.××%）。

**案例 2：某房地产行业上市公司的股权结构介绍**

某房地产上市公司，1987 年成立，位于 ×× 市 ×× 区，1996 年 × 月 ×× 日深交所主板上市。自然人 A、B 是一致行动人，合计持股 26.01%，是公司实际控制人。上市公司主营房地产业务，2017 年公司位列中国房地产 500 强第 ×× 名。2017 年 3 月融入方 A 与 B 离婚，签署了《一致行动人协议》。C 公司、D 公司、E 公司是 F 集团控制的子公司，合计持有上市公司股票的 25.02%。融入方 A 在 2017 年 12 月增持股份 0.33%。不排除大股东之间争夺控股权的可能性。

## 第二节　行业特征对质押率的影响

评审时应对上市公司所属行业进行分析。从投资的角度来看，根据行业的周期性特征一般分为成长型、防守型和周期型。

成长型行业：市场需求快速增长、企业营业收入快速增长、技术壁垒较高、毛利率较高，有一些优势企业通过不断进行技术创新可以获得超过行业增长的快速发展，是可以抵御经济周期波动的行业。

防守型行业：通常是涉及人们日常消费的行业，不论经济走势如何，市场需求都不会有太大变动，不存在特定的周期性或周期性较弱，如食品饮料、烟酒类、医药、服装及服务业等，这类企业的经营业绩相对平稳。

周期型行业：是指和国内或国际经济波动相关性较强的行业，包括汽车、钢铁、房地产、有色金属、石油化工、煤炭、电力、机械、造船、水泥等。当经济高速增长时，市场需求也高涨，相关公司的业绩快速增长，其股票就会受到投资者追捧；而当经济低迷时，市场需求减弱，固定资产投资下降，经营业绩和股价会迅速回落。

对于股票质押来说，防守型行业的股票是良好的质押标的，股价和估值较稳定，波动性小，可以参考市场平均质押率或适当调高质押率开展业务。成长型行业的股票，股价和估值都较高，因为即使成长性好，股票质押业务也难以获得超额收益，万一竞争失败达不到投资者的预期，股票还可能会大幅下跌，质押率应较市场平均水平低一些。周期型行业的股票，要识别行业的景气程度，当行业景气度高时，股价会高于股票内在价值，质押率应较市场平均水平低一些；当行业景气度低时，股价会低于股票内在价值，质押率可以较市场平均水平高一些，但是要防止债务违约等极端事件发生。

对周期型行业来说，市盈率指标有时可能会产生误导作用，当行业景气度高时，经营业绩较好，股票上涨幅度低于业绩增长幅度，但这时可能已经处于景气度顶峰，市盈率可能会较低，股票估值较高；当行业景气度低时，经营业绩较差，股票下跌幅度低于业绩下降幅度，但这时可能已经处于景气度底部，市盈率可能会较高，股票估值较低。对于周期型行业来说，股票价格波动大，采用市净率来估值比采用市盈率更合适。

在 Wind 资讯等金融终端中，能够查询股票价格的年化波动率，笔者曾经试图寻找股价波动率与行业周期的相关性，但是未发现明显的关联关系。因为行业周期有可能是几年的时间，而且不同行业的周期长短不同，通过一两年股价计算出的波动率可能无法反映股票价格与行业周期的关系。

## 第三节 分析行业竞争地位

在分析行业特点后，还应分析上市公司在产业链中的竞争情况，包括行业竞争结构、公司在行业中的竞争地位、公司的经营战略等。

行业竞争结构可以按照竞争激烈程度分为完全垄断、寡头垄断、垄断竞争、完全竞争，行业内竞争越激烈，越难以获得超额利润。

公司在行业中的竞争地位是指公司在目标市场中所占据的位置，它是公司制定竞争战略的重要依据，可以评估企业中长期的经营水平。一些行业排名可以描述上市公司历史及当前的竞争地位，也可以参考一些行业研究报告，不断提高行业分析能力。另外，上市公司历史的经营业绩应与竞争地位相匹配，这也是识别公司财务造假的手段之一。

波特五力模型是分析行业竞争格局以及本行业与其他行业之间关系的理想工具。波特认为行业竞争不止是在原有竞争对手中进行，而是存在着五种基本竞争力量：上游供应商的议价能力、下游客户的议价能力、新进入者的威胁、替代品的威胁、同业竞争者的竞争程度。这五种基本竞争力量的状况及综合强度，决定着行业中最终的获利潜力以及资本向本行业的流向程度。

如果上市公司在行业内具有竞争力，经营较为稳定，在良好的基本面支撑下股票价格较为稳定，在融资和重组等方面会有较多便利，即使控股股东的股票质押存在风险，也容易化解。

**案例3：某游戏上市公司具有较强竞争力，控股股东的股票质押风险逐步化解**

某游戏上市公司，原来在纳斯达克上市，回归A股前，私有化时控股股东可能负债较多。上市公司经营良好，主营游戏和影视业务，尤其是游戏业务具有较高的竞争力，游戏业务在行业内仅次于腾讯和网易，有一定竞争地位。当地政府成立产业基金，助力上市公司发展。虽然之前控股股东股票质押比例较高，但是随着上市公司业绩增长，股票价格不断上涨，控股股东的股票质押风险也逐步化解。

## 第四节 经营业绩和业务结构

分析上市公司的经营业绩，应首先从营业收入、净利润、扣非后归属母公司净利润三个指标开始，使用最近三年一期的财务报表，计算复合增长率。如果公司业绩下滑或增速下降，需简要分析原因，如原材料成本上涨、管理成本上涨、价格竞争激烈、市场萎缩、报表合并范围变化等；如果公司业绩提升，需要分析业绩提升的原因，如原材料价格下降、管理成本下降、产品销量增长、近期有并购导致报表合并扩大等。

其次要明确公司的主营业务分几个业务板块、每个业务板块占营业收入的比重、每个业务板块的毛利率等数据，一般制造业的毛利率应不低于15%，考虑到销售费用、管理费用、财务费用、税金等因素，毛利率低于15%可能面临亏损的压力。评审时更进一步的要求是分别判断每个业务板块的行业周期、竞争地位和经营战略等，并做出简要说明。

公司业绩增长和规模扩张有两种方式：内生式增长和外延式增长。内生式增长是依靠企业自身积累的利润、扩大生产规模促进业务发展；外延式增长是通过收购兼并等方式来实现业务的增长。内生式增长模式较为稳定，对股票质押项目更为有利；外延式增长要关注收购资产的质量、增值率、商誉和业绩承诺完成的可能性等内容。

**案例4：某化工企业（周期型行业）的经营情况**

某化工行业上市公司，从事粘胶短纤维、纯碱、烧碱及PVC、有机硅四大类30多个产品的生产和销售，主要用于纺织、玻璃、有色金属冶炼、合成洗涤剂、化学建材等行业。公司是国内最大的纯碱生产企业之一。

2014—2016年，公司营业收入分别为127亿元、137亿元、157亿元，三年复合增长率为11.41%。公司近三年平均毛利率在22.25%左右。归属母公司净利润分别为4.77亿元、4.13亿元、7.63亿元，三年复合增长率为26.47%。扣非后归属母公司净利润分别为4.77亿元、4.13亿元、7.63亿元，三年复合增长率为26.47%（如有最新一个季度的报表，应描述营业收入××，同比增长××%；扣非后归属母公司净利润××，同比增长××%……）。

2016年末，粘胶短纤维约占营业收入的41%，纯碱约占营业收入的26%，氯碱约占营业收入的20%，近三年主营业务收入结构保持稳定。（1）粘胶短纤维业务：粘胶市场变化周期为4～5年，2011—2014年经历价格下滑后，近两年市场重回上行通道。截至2016年底，国内共有19家粘胶企业，总产能约370万吨，产能利用率为91%。公司粘胶短纤维产能为50万吨/年，单线产能全国最大，技术装备行业最优，成本优势明显，近三年平均毛利率为15.58%。粘胶短纤维年出口量在10万吨以上，占全国出口总量的50%以上。（2）纯碱业务：纯碱价格变动周期在3～4年左右，2011—2015年市场经历下滑周期，自2016年开始市场进入上行周期。截至2016年底，国内共有43家纯碱企业，总体纯碱产能约为2970万吨，产能利用率为86%。公司地处华北地区，产能为340万吨/年，市场占有率约为13%，规模行业第一；依托“两碱一化”循环经济模式及浓海水综合利用等优势，成本行业最低，近三年平均毛利率为 29.47%。产品质量处于行业领先水平，纯碱品牌为中国驰名商标。（3）氯碱业务：包括烧碱和聚氯乙烯，公司产能分别为 50 万吨 / 年、40 万吨 / 年，均处在行业领先梯队，其中烧碱营业收入占比 14%，近三年平均毛利率为 4%；聚氯乙烯营业收入占比 6%，近三年平均毛利率为 44%。（4）有机硅业务：价格变动周期为 5 年左右，自 2010 年开始一直产能过剩，2016 年开始市场触底反弹，上涨幅度较大。国内有机硅单体总产能已达 280 万吨，产能利用率为 74%。公司有机硅单体产能达到 20 万吨，产品市场占有率约为 10%，行业排名前五，近三年平均毛利率约为 12%。

该上市公司属于典型的周期型行业，股票波动大，在行业竞争类型为垄断竞争，公司有一定竞争优势（有新闻报道：2017 年下半年五大 PVC 聚氯乙烯龙头公司因涉嫌价格垄断遭重罚）。该上市公司 2017 年和 2018 年的业绩大幅增长，其中两块业务处于行业周期的上升期。股票价格在 2017 年一直处于高位，到 2018 年后随市场下跌幅度较大。

如果上市公司的经营业绩下滑，则需要寻找业绩下滑的原因，判断是否会继续影响未来经营业绩。如果上市公司的经营业绩大幅增加，则需要寻找业绩大幅增加的原因，如供求关系变化、有大额的非经常性损益或者合并报表的范围变更。因此，衡量上市公司经营情况时，既要关注净利润，更要关注扣非后净利润。有些公司净利润较大，但是扣非后净利润却连年亏损，长期如此是不可持续的。

**案例 5：某机械行业上市公司扣非后净利润多年为负**

某机械行业的上市公司，近 5 年来上市公司营业收入未见增长，处于微盈利或微亏损状态，扣非后归属母公司净利润连续 4 年为负，经营活动现金净流量连续5年为负。上市公司长期以来盈利能力较弱，市净率为2.76倍，市盈率为负。上市公司基本为壳公司，总市值达44亿元，估值较高。

两年之后，2020年1月控股股东的股票质押开始被动减仓。

## 第五节　分析客户集中度

客户集中度高，单个客户的销售量占比高，会导致上市公司过于依赖大客户，抗风险能力较差，如果客户发生风险或变化，可能会对公司销售收入、净利润、应收账款、现金流等产生重要影响。如果公司和客户存在关联关系，则还要关注交易价格是否公允、是否存在利益输送等问题。项目评审过程中，应查阅营业收入占比超过20%的客户，通过天眼查、启信宝等工具找到实际控制人、控股股东、高管等，核查是否与上市公司存在关联关系。

在实际工作过程中，笔者曾遇到一些关于大客户异常的情况。例如：上市公司的大客户与实际控制人存在关联关系且应收账款高、上市公司的大客户是失去市场份额的某手机品牌、上市公司大客户是某债务违约公司的主要子公司、上市公司与暴风集团有较多业务往来等，当然这些股票质押最终不一定都会出现风险，但是评审过程中应持谨慎的态度。

**案例6：某软件行业上市公司对大客户依赖程度高**

某软件行业的上市公司，主营业务经营正常，业绩增长较快，经营现金流无异常。公司核心产品为邮件系统，主要客户包括某电信行业央企、某电网央企。2017 年来自某电信公司及其子公司的收入占公司营业收入的 73%，公司对大客户依赖程度很高，考虑到电信客户资质较好，合作历史较长，业务延续性较好，可以开展该项目。

**案例 7：某文化传媒行业上市公司的大客户股权被冻结**

某文化传媒行业的上市公司 H，主营业务为影视剧的投资、制作、发行及衍生业务。近期公司 H 销售收入的现金回收情况较差，应收账款增长较快，应收账款中第一大客户为已失去市场份额的“某手机品牌 J”，欠款 6.12 亿元，2018 年 1 月 16 日新闻媒体报道，“某手机品牌 J”的实际控制人刘某持有的股权被冻结。2018 年 5 月，上市公司 H 实际控制人发生变更。2019 年 9 月，上市公司 H 下辖的影视子公司银行账户被冻结。2018 年 10 月，上市公司 H 计提应收账款减值 6.72 亿元。

## 第六节　评估偿债能力

偿债能力是指企业用其资产偿还债务的能力，是企业能持续经营的必要条件。偿债能力主要是看企业的现金流来源：货币资金、经营现金流、资产变现、再融资能力、外部支持等，只要还有一个资金来源，企业就不至于发生债务违约。偿债能力应从短期和长期两个角度进行评估。

短期偿债能力是指企业以流动资产对流动负债及时足额偿还的保证程度，即企业以流动资产偿还流动负债的能力，反映企业偿付日常到期债务的能力，是衡量企业当前财务能力，特别是流动资产变现能力的重要指标。企业短期偿债能力的衡量指标主要有流动比率、速动比率、现金比率、受限资产占比、已用授信占比，要关注货币资金中受限货币资金所占的比例，一般只有不受限的货币资金才能作为公司流动性的体现。

长期偿债能力是指企业对债务的承担能力和对偿还债务的保障能力。影响企业长期偿债能力的因素有企业的资本结构和企业的获利能力两个方面。长期偿债能力的评价指标有：资产负债率、资本债务比率、EBIT 利息保障倍数、EBITDA 利息保障倍数、负债 /EBITDA、利润增长率、总资产收益率、净资产收益率、净资产增长率。

单纯分析公司的偿债能力指标是不能反映公司真实的偿债能力的，而应该与公司的获利能力结合起来分析。即使公司的各项偿债指标都无异常，如果该公司处于夕阳行业，有衰退趋势，且盈利能力较弱，虽然短期内可能具有一定的偿债能力，但是该公司的长期偿债能力是不可靠的。相反，如果公司处于发展阶段以及朝阳行业的话，虽然可能资产负债比率较高，但该公司的利润率高于公司的资金成本，说明该公司的获利能力较强，从财务指标来看可能公司的短期偿债能力较差，但是该公司的长期偿债能力是稳定的。另外，对于一些城投或者国企，还要考虑股东或者外部的支持，包括救助意愿和救助能力等方面。

**案例 8：某 IT 服务行业上市公司的偿债能力变化**

某 IT 服务行业上市公司 Q，主营智能交通业务，2018 年 3 月并购了某视频监控企业，之后商誉规模增至 33 亿元。下面是该上市公司偿债能力的变化情况：

2016 年末，公司 Q 总资产达 61 亿元，资产负债率为 40.78%，流动比率为 2.16，现金比率为 0.93，EBITDA/ 带息债务为 1.16，ROE 为 10.34%，偿债能力较好。

2017 年末，公司 Q 总资产达 65 亿元，资产负债率为 41.35%，流动比率为2.03，现金比率为0.69，EBITDA/带息债务为1.21，ROE为10.56%，公司偿债能力较好。

2018年末，公司Q总资产达136亿元，资产负债率为37.51%，流动比率为1.72，现金比率为0.53，EBITDA/带息债务为2.23，ROE为9.60%，公司偿债能力较好。

2019年末，公司Q总资产达162亿元，资产负债率为42.57%，流动比率为1.53，现金比率为0.46，EBITDA/带息债务为1.78，ROE为11.25%，公司偿债能力较好。

最近几年公司Q偿债能力良好，但是近期流动性不及以前充裕。

### 案例9：某房地产行业上市公司的爆雷征兆

某房地产上市公司A，控股股东为集团B。上市公司A主营房地产业务，2017年三季度，资产负债率为61.62%，剔除预收账款后的资产负债率为59.81%，流动比率为1.73，现金比率很低，为0.06，EBIT利息倍数为1.31。截至2017年6月末，公司受限资产共计40.66亿元，占总资产的26%。公司流动性不好，控股股东发行债券的价格异常，到期收益率（中债估值）约在13%～36%。

2018年10月控股集团B发行的债券违约，股票被司法冻结，上市公司的货币资金被控股集团违规占用。2019年1月上市公司A发生债务逾期。

### 案例10：某控股集团在债券违约前的财务指标

某控股集团X，旗下一家深交所上市公司A（主营食品加工），两家香港联交所上市公司B（主营房地产开发）、上市公司C（主营钢铁生产）。2018年上半年，集团X的资产负债率为47.19%，流动比率较低，为0.98，现金比率较低，为0.37，EBIT利息倍数为2.21，EBITDA/有息债务很低，为 0.08，集团获得银行授信 130 亿元，已用授信 111 亿元，已用授信占全部授信的 85%。控股集团 X 发行债券的价格异常，到期收益率（中债估值）约 26%，持有上市公司 A 的股票接近全部质押，上市公司 A 全市场质押比例超过监管规定的 50%。

2019 年 10 月控股集团 X 发行的债券违约。

## 第七节　分析营运能力

营运能力反映公司营运资产的效率，常用的衡量企业营运能力的指标主要有总资产周转率、流动资产周转率、固定资产周转率、应收账款周转率和存货周转率等。

分析营运能力时要将上市公司的周转率指标与行业中值进行比较。总资产周转率越高，表示企业资产经营管理效率越高，资产的利用效率就越高，周转速度就越快。应收账款周转率高，表明营业收入变现速度快，账龄较短，可以减少坏账损失。存货周转率越高，存货积压的风险就越小，资金使用效率就越高。通过分析运营能力，可以了解企业的经营管理水平。

如果上市公司的周转率指标比行业平均水平差，且逐年恶化，再分析净利润、资产负债率、经营现金流等财务数据，判断上市的持续经营能力以及近期亏损的可能性。如果营业收入和净利润持续增长，但是应收账款周转率变差，可能放松了客户信用条件。如果净利润持续增长但是存货周转率下降，可能毛利率一直升高，要注意财务数据的真实性。

**案例 11：某房地产行业上市公司的营运能力**

某房地产行业上市公司 Z，主营业务是房地产开发与销售，以商住房为主。房产销售是收入和利润的主要来源，公司的房地产业务主要位于北京、济南、海口等城市，其中北京所占比重较大。经营业绩稳定性较差，盈利规模较小。北京某商住房项目销售回款 3.79 亿元，占营业收入的比重较大。2017 年上半年实现 2930 万元利润。由于 2017 年 3 月开始北京商住房限售，商住房贷款已经被掐断，公司不得不选择全面退房。公司连续几年周转率仅为 0.1 次左右，周转率远低于房地产行业的 0.3 次左右。

2018 年 1 月，公司 Z 的控股股东所持股票被司法冻结，11 月公司 Z 股票跌破 1 元面值，被交易所终止上市。

## 第八节　分析并购事件

上市公司的并购事件会影响资产质量、商誉、净利润、股票估值等，因此分析上市公司时，要格外注意上市公司的重大并购事件，以并购标的贡献的净利润占上市公司全部净利润的比例来判断重要性，如果并购标的贡献了上市公司 20% 以上的净利润，则要进一步分析出让方、并购标的经营业绩、溢价率、支付方式、业绩承诺、业绩承诺完成情况、商誉及减值风险。

1. 不当关联交易。有些公司可能存在治理隐患，控股股东、实际控制人非法占用上市公司资金，既侵害了中小投资者的利益，又给上市公司带来不可预知的风险，因此要关注并购双方是否存在关联关系。有些并购标的的业绩真实性存疑，要关注并购标的近几年的净利润是否稳定增长，现金流与净利润是否匹配，收购价格对应PB、PE是否高估，溢价率有多少等。如果出现控股股东、实际控制人通过不当资产交易掏空上市公司的行为，要审慎。如果是主动行为，那么今后上市公司还可能会发生同样的事情；如果是被动行为，那么上市公司实际控制人可能债务缠身，还款压力大，不得已做出吃相难看的决定。

2. 高估值、高商誉、高业绩承诺。如果并购标的的总资产、收入或利润占上市公司的比重较高，那么需要关注高估值、高商誉、高业绩承诺的“三高”问题，这类并购的后遗症较大，尤其是借壳上市。部分标的资产经营质量堪忧，实现业绩远低于承诺业绩，导致并购产生的高商誉面临巨额减值风险。如果并购尚未完成，要分析并购后上市公司产生的商誉有多大规模、占上市公司总资产的比例、一旦商誉减值对上市公司股票的影响等，遇到这类情况要适当降低股票的质押率或采取规避措施。如果是已经完成的并购，要关注业绩承诺的完成情况。

3. 支付方式。如果融入方是原并购标的资产的出让方，融入方获得上市公司支付的股份，需要满足中国证券业协会《证券公司参与股票质押式回购交易风险管理指引》第十三条规定，“质押股票有业绩承诺股份补偿协议的，证券公司应当识别和评估其特殊风险，重点关注业绩承诺补偿的补偿方式，承诺期及所承诺的业绩等风险因素，切实防范因质押股票出现股份补偿情形而产生的风险，不得以其管理的集合资产管理计划和定向资产管理客户作为融出方参与股票质押式回购交易”。券商自有资金也要审慎参与股份补偿的情况。因为股份补偿在出现司法冻结等风险时面临处置僵局，按相关法规金融机构的债权有优先受偿权，但是如果不能按业绩承诺对上市公司进行补偿，则会损害中小投资者的利益。

4. 业绩承诺刚刚过期。在业绩承诺期内，出让方股东为了规避业绩补偿势必竭尽全力，甚至采用财务粉饰或造假的手段来完成高额业绩承诺，待业绩承诺期一过，并购标的盈利能力会快速下滑，原形毕露。因此遇到重要并购事件的业绩承诺刚刚到期的情况，要适当降低质押率。

5. 并购标的与上市公司的协同效应。历史经验已经告诉我们多元化并购往往是不可取的，但是很多上市公司对此依旧热衷，有的是出于公司战略转型的需求，有的则是怀着市值管理的投机动机。为了提升上市公司市值或规避面临的亏损问题，上市公司不是从根本上改善经营，而是热衷于并购各类资产解决问题，实际上上市公司对该资产并不了解，但是短期内能起到作用，上市公司也愿意为该类资产支付相对高的溢价。如果一旦市场趋势发生改变，估值水平下移和高溢价两个因素足以让上市公司骑虎难下，那些股票质押比例较高的实际控制人纷纷违约，最终导致失去上市公司实际控制权，也给券商股票质押融资带来很大风险。

**案例 12：某汽车行业上市公司借壳上市的后续进展**

2017 年 4 月，T 集团通过一次 116 亿元的并购完成借壳上市，上市公司更名为 Z 公司。查阅 2016 年 10 月披露的董事会预案，上述并购重组溢价高达 428%，新增商誉 81 亿元。T 集团承诺并购标的 2016—2019 年经审计的扣除非净利润分别不低于 12.1 亿元、14.1 亿元、16.1 亿元、16.1 亿元。国内汽车市场份额被上汽、一汽、北汽、长安、吉利等汽车厂商占领，二线汽车品牌实现突破较为困难。2016 年、2017 年并购标的基本实现业绩承诺，但是 2018 年净利润为 −4.9 亿元，2019 年预计商誉减值 60 亿元，已经属于爆雷的股票。

2019 年 10 月，上市公司控股股东 T 集团所持股票被司法冻结。

**案例 13：某移动互联网行业上市公司的商誉减值问题**

上市公司 D，公司无实际控制人，主营移动游戏及广告推广、建筑装饰贴面材料，移动游戏及广告推广业务通过重大资产重组并入上市公司D，由上市公司的子公司M经营，并购时产生商誉30亿元，占总资产的55%。公司M原实际控制人L在并购标的资产时有业绩承诺，2015年和2016年已完成承诺利润的103%、114%，预计2017年承诺业绩也能完成，但业绩承诺期即将过去。公司D应收账款增长较快且占总资产比例较高。

业绩承诺期过后，标的资产的业绩原形毕露。2018年公司D计提商誉减值24.5亿元，净利润约−29亿元。2019年公司D业绩快报显示，净利润为−14.79亿元，主要是对应收账款和其他应收款计提减值10.65亿元。2018年12月，实际控制人L所持股票被司法冻结。

**案例14：某家具行业上市公司的商誉减值问题**

上市公司L，主营高品质家居、家具产品，2015年收购某影视公司S。2015—2017年业绩承诺净利润分别为0.69亿元、0.92亿元、1.2亿元，完成率分别为102%、92%、102%。并购时产生商誉8.31亿元，占总资产比例为10.95%，业绩承诺刚刚过期。

业绩承诺期过后，标的资产的业绩原形毕露。2018年公司L计提商誉减值2.89亿元，净利润约−4.24亿元。

2018年10月，上市公司L发布公告，实际控制人拟转让控股权。幸好上市公司原主营业务较为稳健，之后控股权转让终止，但是影视公司S（并购标的）原实际控制人的股票质押跌破平仓线。

## 第九节　是否存在违法违规行为

Wind资讯等金融终端有专门栏目列举上市公司的违规行为，常见的违规行为有：控股股东及关联方违规占用上市公司资金、未履行业绩补偿承诺、未履行增持承诺、未按计划执行股份回购、财务造假、会计差错、重大事项信息披露违规、内部运作不规范或董监高履职不尽责等，要具体问题具体分析。

**被立案调查**

对于涉嫌违法的行为，一般情况下，证监会要立案调查，并且上市公司会及时发布公告，可以在公告中搜索“立案调查”。立案调查的事项较为重要，对上市公司股票的影响更大。根据证监会《上市公司股东、董监高减持股份的若干规定》，上市公司大股东或董监高有如下行为是不能减持股票的：因涉嫌证券期货违法犯罪，在被中国证监会立案调查或者被司法机关立案侦查期间，以及在行政处罚决定、刑事判决做出之后未满6个月的；违反证券交易所规则，被证券交易所公开谴责未满3个月的。

**上市公司违规担保**

上市公司违规担保是指上市公司及其控股子公司违反法律法规或公司章程规定，或超过规定限额对外提供担保的行为。违规担保的主要表现形式包括对外担保未履行或未全面履行董事会或股东会审议程序；上市公司对外担保事项未做信息披露或事后披露担保信息等。

违规担保主要有以下几种危害：

1. 损害公司治理结构。违规担保的实质是实际控制人或控股股东滥用权利，无视上市公司的公共性，将上市公司当成私人财产，破坏上市公司的独立地位，损害上市公司的治理结构，对上市公司产生重大不利影响。

2. 影响公司正常经营。正常的对外担保是上市公司的一种经营行为，但违规对外担保往往事出有因，并且面临巨大的风险，一旦被债权人请求代偿，就会遭受重大损失，扰乱上市公司正常的生产经营，严重的甚至影响持续经营能力，导致退市风险。

3. 损害中小投资者权益。违规担保行为侵犯了投资者的知情权，中小投资者被迫为控股股东或实际控制人的违规行为埋单，致使中小投资者合法权益受损。当发生违规担保等负面事件时，投资者会担忧上市公司的财务真实性，从而导致股票大幅下跌。

上市公司违规担保、上市公司控股股东或实际控制人违规占用上市公司资金，是不得触碰的高压线，这类情形通常伴随着股票被 ST、退市。

由于违规担保的隐蔽性、披露的滞后性，项目评审过程中很难发现。幸好，2019 年 11 月 14 日最高人民法院公布了《全国法院民商事审判工作会议纪要》，对上市公司违规担保进行了认定，上市公司大股东或董事长等关键少数在未履行董事会或股东大会决策程序、未公告的情况下，私自以上市公司名义进行的对外担保将不受法律保护。

## 第十节　诉讼仲裁事件的影响

上市公司的诉讼仲裁事件也会影响公司股票价格，重大的诉讼仲裁甚至会影响公司的正常经营。

通过 Wind 资讯等金融终端可以查阅上市公司近期的诉讼仲裁事件，重点要分析上市公司或子公司作为被告的情况。诉讼类型是买卖合同纠纷、劳务纠纷等，如果金额和笔数较小，对上市公司基本无影响。如果诉讼类型是借款纠纷，需要关注是否为金融机构借款，上市公司的偿债能力是否发生异常。如果诉讼类型是股权纠纷，需要关注是否涉及上市公司实际控制权的变更。如果诉讼类型是知识产权纠纷，需要关注对公司核心产品的影响。诉讼类型多种多样，依赖于大家的判断，在此不再一一列举，最终都要评估诉讼对股票价格的影响。

如果上市公司或子公司是原告，存在较多买卖合同纠纷，可能产品质量有问题，也可能应收账款存在一定坏账风险。

**案例 15：上市公司 K 的金融借款纠纷及后续进展**

2019 年 5 月 14 日法院立案，某银行与上市公司 K 存在金融借款合同纠纷。

2019 年 5 月 18 日，上市公司 K 被 ST。

2019 年 5 月 22 日，上市公司 K 的主体评级由 AA+ 下调至 A。

2019 年 8 月 17 日，证监会查明上市公司 K 存在虚增固定资产、在建工程、投资性房地产、营业收入、营业利润等违法事实。

2020 年 2 月 3 日，上市公司 K 发行的债券违约。

## 第十一节　股票 Z 值预警的作用

Wind 资讯等金融终端一般都提供 Z 值预警的功能。Z 值预警是美国阿尔曼在 20 世纪 60 年代提出来的，以制造业中的破产企业和良好企业为样本，收集了样本企业财务报表中的有关数据，并从中选出对预测破产最有用的五个变量，综合反映企业的盈利能力、营运能力、资产状况。经过综合分析建立了一个判别函数，用来分析预测企业财务失败或破产的可能性。

公式：$Z=0.012\times 1+0.014\times 2+0.033\times 3+0.006\times 4+0.01\times 5$

X1——（营运资金 ÷ 资产总额）×100

X2——（留存收益 ÷ 资产总额）×100

X3——（息税前利润 ÷ 资产总额）×100

X4——（普通股优先股市场价值总额 ÷ 负债账面价值总额）×100

X5——销售收入 ÷ 资产总额

一般来说，Z 值越低企业越有可能发生破产，通过计算某企业连续若干年的 Z 值就可以发现企业是否存在发生财务危机的征兆。

当 Z 值大于 2.675 时，则表明企业的财务状况良好，破产的可能性较小；当 Z 值小于 1.81 时，则表明企业隐藏着破产风险；当 Z 值介于 1.81 和 2.675 之间时属于中间地带，说明企业的财务状况存在不稳定因素。

使用 Z 值时，需注意我国会计制度与外国会计制度的差别，单看最近一期的时点数可能无法判断企业是否必然发生倒闭等情况，还要关注近几年 Z 值变化的趋势，Z 值变化能反映出企业经营状态发生变化的一些征兆。Z 值并不是万能的，在财务数据存在造假或者粉饰的情况下，Z 值模型也不是绝对准确的。

## 第十二节　业绩快报和盈利预测

上市公司披露的业绩预告、业绩快报、正式财报，都是关于经营业绩的信息，从信息质量来看，业绩预告的可靠性较差，但及时性最好；正式财报的可靠性最好，但及时性最差；业绩快报介于二者之间。在公司会计年度结束后1个月内，经初步核算，公司该年度经营业绩将出现亏损、实现扭亏为盈、同比出现大幅变动的，上市公司应进行业绩预告，业绩预告因内容简单且未来变动的可能性较大，只能认为是一种对未来的预测。业绩快报是指为了提高信息披露的及时性和公平性，上市公司在会计期间结束后、正式财报公告前，初步披露未经审计的主要财务数据，业绩快报的数据可以视同公司经营业绩的近似数据。交易所《上市公司业绩预告、业绩快报披露工作指引》中做了更详细的规定。

外部研究机构公布的上市公司盈利预测，不同研究机构有不同的预测方法，Wind资讯等金融终端中会有近期所有券商对上市公司的盈利预测，可以看作专家的一致意见，是可用于股票估值的参考依据。但是要关注预测机构数量，预测机构数量越少，预测结果就越具有偶然性，可能误差就越大；预测机构数量越多，预测结果就越具有稳定性，可能误差就越小。Wind资讯根据计算周期的不同，分为万得一致预测、前瞻预测和领先预测，三个周期分别采用最新180日内、90日内、30日内所有机构最新预测数据计算而来，万得一致预测采用的时间区间最长，反映长期趋势；前瞻预测采用的时间区间适中，能较好反映当前估价预期；领先预测采用的时间区间最短，对当前新发布的盈利预测信息反映最敏感。为解决研究机构因上市公司增发、配股等股本变化导致口径不一致问题，万得一致预测引入了预测平均基准股本概念，随着事件一步步走向确定，股本会逐渐调整，使预测数据能更准确地反映市场预期。

## 第十三节　查阅外部研究报告

外部研究报告分为卖方研究报告、买方研究报告。买方研究报告是服务于公司自营和主动管理部门内部使用的。卖方研究报告很多是公开披露的，一般由券商研究所（也有少量独立的研究机构）撰写，这些机构也是市场的参与者，各自都有各自的立场，研究报告的结论会适度美化，如果股票评级不是“强烈推荐”或“买入”，股票未来可能就不是太乐观的。阅读研究报告更重要的是要看分析思路和研究方法，最后结论的合理性要自行判断。

分析上市公司时，要阅读最新几份券商研究报告，从中提取出关于所属行业、竞争情况、公司重要事件等的观点，然后与自己的观点进行印证，弥补自己忽略的内容，因此阅读研究报告能起到修正结论和查漏补缺的作用。

如果上市公司有多家券商研究报告，不论未来业绩如何，一般都是经营比较正常的公司。如果上市公司长期没有券商跟踪，或者仅有个别小券商跟踪，并且排除掉新股上市的情况，那么可能是由于券商认为上市公司未来业绩并无前景，或者上市公司本身存在较为严重的问题。

## 第十四节　如何对股票进行估值

很多教科书中都提到了股票估值的方法，包括绝对估值法和相对估值法。

绝对估值法，是通过对上市公司历史及当前的基本面的分析和对未来反映公司经营状况的财务数据的预测，获得上市公司股票的内在价值。常见的估值工具有现金流贴现定价模型、B-S 期权定价模型，从理论上来看是比较完美的，但是由于上述模型的参数是预测值，预测准确度制约了它的实际应用范围。

实际工作中大多用相对估值法，常见的估值指标有市盈率 PE、市净率 PB、市现率 PCF、市销率 PS、企业价值 / 收入、企业价值 /EBITDA 等。Wind 资讯等金融终端默认不显示所有的估值指标，可以通过“指标选择”功能，添加所要使用的指标。

上述指标都没有绝对公允的参考值。一般认为，如果一家公司股票的估值指标与同行业中值相比较高，那么该股票的价格被高估。根据经验，A 股中正常股票的市净率最低在 0.4 倍左右，市净率对于股票质押来说是比较好的估值指标，但是使用市净率进行估值有些过于保守了。市净率无法准确反映轻资产、盈利能力强的股票。因此建议使用市净率、市盈率等组合指标进行估值。

市盈率是指股票价格除以每股收益（EPS）的比率，又分为静态市盈率和动态市盈率。静态市盈率 = 每股市价 / 上年每股收益；动态市盈率 = 每股市价 / 通过季报数据折算的年每股收益。动态市盈率的数据更及时，反映了最新的情况，因此建议采用动态市盈率进行估值。强周期性行业的股票不适合用市盈率进行估值，因为当行业处于繁荣期时，公司利润最高，股票价格最高，但是市盈率反而较低；当行业处于收缩期时，公司利润最低，股票价格最低，但是市盈率反而较高。强周期型行业的股票建议采取市净率来进行估值。

如果上市公司净利润为负，除了市净率 PB 外，还可以使用市销率 PS、企业价值 / 收入、企业价值 /EBITDA 等指标进行估值。按如下步骤进行估值，也不易与项目承揽人员起纠纷：

1. 分别计算股票市盈率 PE/ 行业市盈率 PE 中位数、股票市净率 PB/ 行业市净率 PB 中位数、股票市现率 PCF/ 行业市现率 PCF 中位数、股票市销率 PS/ 行业市销率 PS 中位数、股票（企业价值 / 收入）/ 行业（企业价值 / 收入）中位数、股票（企业价值 /EBITDA）/ 行业（企业价值 / EBITDA）中位数等倍数。

2. 对上述股票估值指标 / 行业估值指标中位数的倍数取平均数据，倍数平均数大于 1 则股票高估。股票价格高估了多少，质押率就应该降低多少。

在运用相对估值法选择行业时，可以选择申万行业分类、Wind 行业分类等，尽量选择三级分类或更细分的行业，但是要注意样本量，所选细分行业中要有估值正常的股票至少 10 家以上，否则偶然因素可能会影响准确性。

### 案例 16：某股票的估值很高

表6-1　XX股份的股票估值指标

| | 市盈率 | 市净率 | 市销率 | 企业价值/EBITDA |
|---|---|---|---|---|
| ××股份 | 76.77 | 9.78 | 15.90 | 73.34 |
| IT服务行业 | 55.37 | 4.24 | 6.17 | 46.53 |

根据上述估值指标计算，×× 股份的股票估值约是行业中值的 1.96 倍，估值很高。计算过程如下：

（76.77/55.37+9.78/4.24+15.90/6.17+73.34/46.53）/4 ≈ 1.96

考虑到股票成长性，根据近三年扣非净利润复合增长率 40.45%，×× 股份 PEG 为 1.9 倍，远大于 1 倍，也说明股票估值很高。

## 第十五节　股票的成交额和波动率

股票成交额太小，股票价格易受交易冲击；股票价格波动大，可能会影响股票价格的公允性，上述两点对股票减持或平仓不利，应适当降低质押率。

当股票成交额大时，多空双方的力量都具有保持均衡的稳定性，股票价格受偶然因素的冲击小，平仓时对股价影响小。如果流通股不能及时平仓，应视同限售股。一些经验数据表明，买入或卖出某只股票日均成交额的 20%，对股票价格的影响不太大，因此实际工作中可以将日均成交额的 20% 视同流通股，给予 10 个交易日的期限，也就是将市值在日均成交额 2 倍以内的质押股票视同流通股，其他视同限售股对待（Wind 资讯—F9—交易数据—每日行情统计，可以看到股票的成交数据；或者 Wind 资讯—F9—同业比较—市场表现比较，查询列：近一月日均成交额）。

**案例 17：流动性较差的股票如何测算质押率**

某股票近一个月的日均成交额为 1000 万元，如果客户质押融资 1 亿元，质押股票市值 3 亿元，均是流通股，如何判定其股票性质，如何测算质押率？

以 10 个交易日内能减持且对股票价格影响不太大的股票数量视同流通股，计算过程如下：

日均成交额 ×20%×10 个交易日 =1000 万元 ×20%×10=2000 万元

即市值 2000 万元的股票视同流通股，按流通股测算质押率；剩余市值 2.8 亿元的股票视同限售股，按限售股测算质押率。

关于股票的波动率，从理论上来说，若股票波动率大，应降低质押率；若股票波动率小，应提高质押率。也有一些研究文献采用VAR模型，通过计算质押期内股票价格变化的最差情形来确定质押率。但是根据实际观察，笔者发现股票的波动率本身变化较大，而且波动率大时，股票价格有上涨和下跌两个方向，并没有发现合适的方法来建立波动率与质押率的准确关系。从经验上来说，也不建议单纯从技术分析的角度去评估股票的质押率，应以基本面分析为主，技术分析为辅。

## 第十六节　初步测算股票质押率

测算质押率有三个步骤：首先根据整个市场的估值确定质押率基准；然后根据行业的估值情况调整质押率；最后再根据股票的相对估值情况调整质押率。

### 一、根据整个市场的估值确定质押率基准

关于质押率基准，建议参考上交所和深交所官方网站上给出的统计数据。上交所网站—数据—其他数据—股票质押回购（http：//www.sse.com.cn/market/othersdata/repurchase/），选择初始交易平均质押率，可以查询每周的市场平均质押率数据。深交所网站—信息披露—会员创新产品—股票质押式回购交易（http：//www.szse.cn/disclosure/innovate/stock/rate/index.html），可以查询每周的市场平均质押率数据。根据观察，深交所公布的初始质押率更稳定，波动较小，建议参考深交所公布的“无限售条件股份平

均质押率”，可以选取最近 4 周的平均质押率取平均数作为质押率基准。

A 股全市场的估值高低，可以通过股票指数的历史 PE/PB 来衡量。下面取从 2017 年年初至 2019 年年末某些股指的 PB、PE 数据为例，如表 6-2 所示。

表6-2　从2017年年初至2019年年末某些股指的PB、PE数据（来自Wind资讯）

| 指数 | PB（20%分位） | PB中值 | PB（80%分位） | PE（20%分位） | PE中值 | PE（80%分位） |
|---|---|---|---|---|---|---|
| 上证综指 | 1.38 | 1.50 | 1.68 | 12.64 | 13.72 | 16.71 |
| 深证成指 | 2.44 | 2.69 | 3.06 | 21.80 | 24.43 | 28.50 |
| 创业板指 | 3.90 | 4.45 | 4.67 | 38.05 | 41.74 | 50.35 |
| 沪深300 | 1.43 | 1.50 | 1.66 | 11.75 | 12.67 | 14.12 |
| 万得全A | 1.63 | 1.78 | 2.09 | 16.02 | 17.50 | 20.21 |
| 万得全A（除金融、石油化工） | 2.14 | 2.34 | 2.86 | 23.42 | 26.60 | 32.76 |

因为银行等大型央企大部分在上海证券交易所上市，按流通股市值计算，权重较高，拉低了整体 PB 和 PE 数据。建议以深证成指或万得全 A（除金融、石油化工）为基准，衡量国内股票市场的估值高低，对质押率进行调整。例如：如果当前估值相对于历史中值提升 10% 时，就将质押率基准同比例降低 10%。这样，当股票市场情绪高涨时能够保持清醒的头脑，避免产生群体性盲从，以至于发生系统性风险。当然，另一个办法是采用以公司制度形式规定可以接受的质押率上限，股票质押新规要求的质押率上限为 60%，但是这个标准是较为宽松的，根据经验数据，建议质押率上限定为 40% 更为稳健。

## 二、根据行业的估值情况调整质押率

对于食品饮料、医药、服装等消费类弱周期型行业可采用 PB 和 PE

做参考，对于汽车、钢铁、化工、机械、房地产、水泥等周期型行业可采用 PB 做参考，需要将当前行业的估值中枢（可以使用相关行业指数的估值数据）与历史进行比较，据此调整质押率。下面以 Wind 资讯公布的从 2017 年年初至 2019 年年末部分行业的 PB 数据为例，如表 6-3 所示。

表6-3　从2017年年初至2019年年末部分行业的PB数据（来自Wind资讯）

| 指数 | 成分股数量 | 历史PB（20%分位） | 历史PB（中值） | 历史PB（80%分位） | 当前PB（20XX-XX-XX） |
|---|---|---|---|---|---|
| 钢铁（申万）（801040.SI） | 32 | 1.03 | 1.34 | 1.75 | 0.93 |
| 房地产（申万）（801180.SI） | 132 | 1.30 | 1.55 | 1.99 | 1.43 |
| 化工（申万）（801030.SI） | 340 | 1.77 | 2.17 | 2.67 | 1.89 |
| 汽车（申万）（801880.SI） | 176 | 1.75 | 2.27 | 2.84 | 1.62 |
| 机械设备（申万）（801890.SI） | 341 | 1.90 | 2.20 | 2.88 | 2.07 |
| 工程机械（申万）（850722.SI） | 13 | 1.49 | 1.60 | 1.72 | 1.98 |
| 水泥制造Ⅲ（申万）（850612.SI） | 18 | 1.44 | 1.71 | 1.90 | 1.68 |
| … | | | | | |

从上表中可以看出，大部分周期型行业处于下行周期，从 PB 来看估值适中或略低，无须单独调整行业的质押率。但是也要注意到，有些细分行业估值偏高，如“机械设备”行业分类下的“工程机械”细分行业，当前 PB 中值为 1.98 倍，历史 3 年的 PB 中值为 1.60 倍，需要根据质押率基准下调该细分行业的质押率。

## 三、根据股票的估值情况调整质押率

股票的估值方法前面介绍过，需要注意的是，股票估值时所选的行业与第 2 步中所选的行业应是相同的。根据股票估值情况调整的质押率，只是初步测算质押率，之后还要结合融入方、担保人、金融机构的风险偏好等一系列因素，得出最终的评审结论。

# 第七章　警惕股票的异常因素

如果上市公司股票存在不稳定性因素，对股票质押项目有很大的负面影响，而高成长型行业的正面影响就没那么强烈。如果上市公司存在异常因素，则可能存在一些风险隐患，需要大家特别警惕。项目评审时要通过各种信息渠道发现上市公司的异常因素，如果不能寻找到合理解释，则需要业务人员补充尽职调查或者评审人员赴现场核查。最根本的原则是“事出反常必有妖”。

## 第一节　引起股票价格暴跌的因素

引起股票价格下跌的因素很多，既有宏观系统性因素的影响，也有行业景气程度的影响，亦可能是公司业绩不及预期的影响，但是有一些股票完全脱离指数表现，跌幅之大让人难以忘怀。股票大幅下跌的情况可以简单划分成两种类型。

### 一、飞流直下三千尺，疑是银河落九天

当上市公司出现重大负面事件，影响公司的持续经营能力或者上市资格时，就会发生短期内股票价格大幅下跌，也就是常说的爆雷。最常见的原因有：财务报表造假、上市公司或实际控制人债券违约、大额商誉减

值、应收账款坏账、严重违反社会道德等负面事件。爆雷的后果是股票价格大幅下跌，更严重的甚至有退市风险。

爆雷的股票价格跌幅通常是很大的，如图 7-1 所示，股票跌破平仓线后，融入方短期内难以筹集足够的资金补充质押或偿还本息，最终会导致金融机构产生重大损失，因此进行项目评审时要规避掉这类股票，通过制度限制高商誉、高业绩承诺、高应收账款、债务负担重、有业绩造假迹象的上市公司。

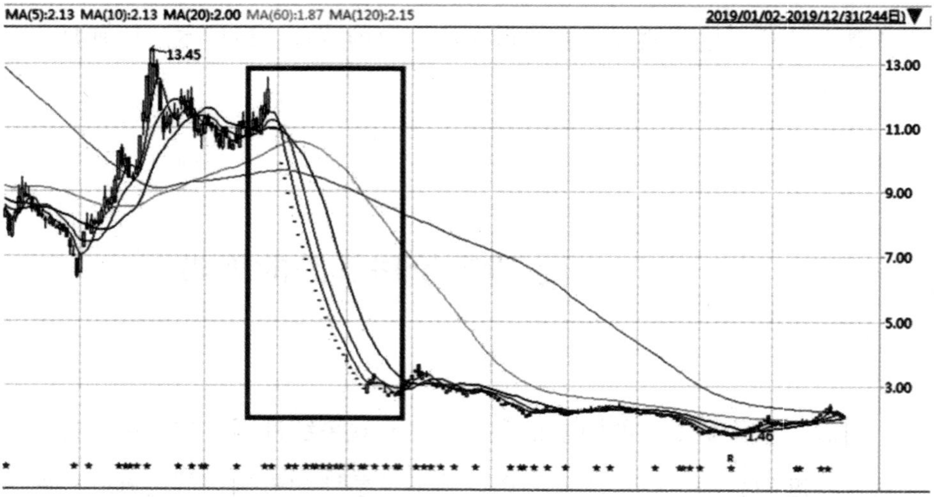


图 7-1　某上市公司爆雷后股票价格走势

## 二、一江春水向东流，从此再也不回头

当上市公司出现如下情形：所属行业处于下行周期或属于夕阳产业、公司主营产品无竞争力、盈利前景不乐观、公司生产经营能够维持勉强盈利或者通过粉饰报表能保壳、公司高管没有进取心不易转型等，投资者都

已认识到股票比较差，但是又没有爆雷的突发负面事件，股票市值高且估值高，最终表现就是长期下跌。

长期下跌的股票有一定的缓冲时间（如图 7-2 所示），如果融入方有其他还款来源，就能够通过资产抵押或者变现筹集资金，偿还金融机构借款。如果融入方没有其他还款来源，金融机构应根据合同条款要求融入方及时追加担保物，或者直接卖出股票偿还金融机构借款。

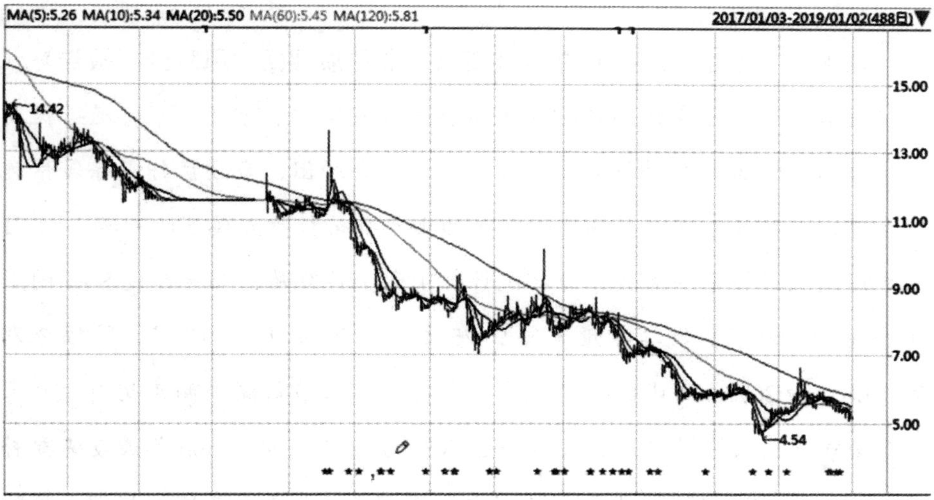


图 7-2　某上市公司股票价格长期下跌

## 第二节　控股股东高比例质押

控股股东作为融入方高比例质押股票，不仅影响融入方的信用状况，而且影响上市公司经营的稳定性。融入方和质押股票的风险高度关联，一旦发生股票被司法冻结，可能导致券商的重大损失。

2018年以来，上市公司控股股东、实际控制人的信用风险有所加剧，尤其是在高比例股票质押的情况下，资金占用、违规担保等不当行为时有发生，甚至影响上市公司的持续经营能力，造成股价大幅下跌，市场反响强烈。资金占用、违规担保是上市公司控股股东、实际控制人不得触碰的高压线，这类情形通常伴随着股票被ST，股票跌幅极大，有的跌幅在80%以上，同时可能伴随着股票退市风险。

**案例1：摘自深交所《2019年第三期股票质押回购风险分析报告》**

控股股东持股高比例质押的上市公司数量减少。今年以来，随着提高上市公司质量专项行动计划的逐步开展，民企纾困、多方协作督导等措施逐步落地，控股股东持股高比例质押的上市公司数量呈现下降趋势，11月末控股股东（按第一大股东口径统计，下同）持股质押比例超过80%的上市公司为469家，较二季度末减少75家，较年初减少117家，降幅分别为13.8%和20%，高比例质押风险有所化解。但当前深沪两市仍有150家上市公司控股股东持股质押比例介于70%与80%之间，如股价波动需要补充质押，质押比例可能升至80%以上，仍需进一步加大高比例质押风险防控力度。

## 第三节　审计意见和关键审计事项

财务报表审计意见是指审计人员对企业财务报表的看法和所持的态度，审计意见分为以下五种类型。

1. 标准无保留意见：说明审计人员认可被审计者财务报表采用的会计

处理方法，遵循了会计准则及有关规定，会计报表反映的内容符合实际情况，内容完整，无重要遗漏。

2. 带强调事项段的无保留意见：说明审计人员认为被审计者编制的财务报表符合相关会计准则的要求并在所有重大方面公允反映了被审计者的财务状况、经营成果和现金流量，但是存在需要说明的事项，如重大司法诉讼的不确定性等。

3. 保留意见：说明审计人员认为财务报表整体是公允的，但是存在影响重大的错报。

4. 否定意见：说明审计人员认为财务报表整体是不公允的或没有按照适用的会计准则的规定编制。

5. 无法表示意见：说明审计人员的审计范围受到了限制，且其可能产生的影响是重大而广泛的，审计人员不能获取充分的审计证据。

以上除 1 外均为非标准意见，需要引起重视，3、4、5 要尽量避免开展业务，2 要具体分析强调事项给上市公司带来的影响，至少也应在正常基础上降低质押率。

过往的审计报告在格式、要素和内容上都高度标准化，虽然这样的审计报告往往简洁明了、意见明确，但由于内容几乎全部为标准化措辞，导致信息含量低。2018 年 1 月 1 日新审计报告准则全面实施，上市公司的审计报告增加了“关键审计事项”，主要披露个性化信息，以增加审计报告的信息含量。关键审计事项是审计人员根据经验判断当期财务报表审计中最为重要的事项，以收入确认、应收账款坏账准备、商誉减值、存货跌价准备等主观判断较多的内容为主。“关键审计事项”应引起我们的重视，在股票质押项目评审过程中应对其做出独立判断。

**案例 2：219 家上市公司 2018 年度财报被出具非标审计报告**

据新华社报道，中国证监会 7 月 26 日发布消息，沪深两市今年共有 3622 家公司按期披露了经审计的 2018 年年度财务报告，其中 219 家公司年度财务报告被出具非标准审计意见的审计报告。

证监会新闻发言人高莉说，财报反映的问题包括：部分上市公司存在大额预付账款、“存贷双高”等异常情况；部分上市公司大额计提商誉、股权投资等资产损失；部分上市公司商誉等资产减值准备计提随意等。

“上市公司执行企业会计准则、财务信息披露规则及内部控制规范情况总体较好，但仍存在一些问题。”高莉说。问题包括：商誉初始确认虚高、商誉减值不规范以及披露不充分；收入确认时未考虑销售商品价款收回的可能性；未正确区分金融负债和权益工具；合并报表范围的确定不适当；内部控制评价报告内容不完整等。

高莉表示，下一步证监会将明确执行会计准则等方面的监管标准；整理问题线索，进一步了解情况并检查；收集整理系统内一线会计监管发现的问题，统一监管口径；对于执行中有争议的财务信息披露问题，尽快形成监管口径；持续关注市场热点、难点问题；进一步完善上市公司内部控制制度体系建设等。

## 第四节　频繁更换会计师事务所

上市公司更换会计师事务所的原因主要有：如果是央企政策限制不能超过 5 年、审计费用问题、便于财务舞弊行为、会计师事务所资质变更、会计师执业水平等。上市公司希望获得有利的审计意见，便于财务舞弊，严谨的会计师事务所不愿意迎合客户需求，双方不能达成一致，于是找个理由和平分手，从上市公司公开披露的信息很难得知真正的原因。

根据交易所股票上市规则，最近一个会计年度的财务会计报告被出具无法表示意见或者否定意见的审计报告，公司将被实施退市风险警示。连续被出具否定意见或者无法表示意见的，将导致上市公司暂停上市乃至终止上市。为了规避被 ST 或退市等风险，公司可能会更换会计师事务所。如果一家上市公司在公布年报之前更换会计师事务所，或者频繁地更换会计师事务所，就要引起我们的重点关注。

**案例 3：某上市公司 T 多年频繁更换会计师事务所，已被 ST**

某上市公司 T 近年来的审计机构如下。

2011 年及以前的审计机构为：L 会计师事务所。

2012 年审计机构为：G 会计师事务所。

2013 年审计机构为：R 会计师事务所。

2014 年审计机构为：R 会计师事务所。

2015 年审计机构为：R 会计师事务所。

2016 年审计机构为：R 会计师事务所。

2017 年 1 月 R 会计师事务所被证监会暂停承接新的证券业务。2017 年审计机构又换回 L 会计师事务所。

2018 年 4—8 月上市公司控股股东持有的股票被司法冻结、解除冻结，后又被冻结。

2018 年 11 月改聘 D 会计师事务所。

2019 年 2 月改聘 Z 会计师事务所。2018 年审计意见为保留意见，原因为：上市公司存在大额债务逾期及重大诉讼未决情况，且由于诉讼导致上市公司多个银行账户被冻结。2018 年净利润为 −1.65 亿元。

2019 年 5 月，上市公司被 ST。

2019 年的业绩预告中净利润为 −13.15 亿元到 −7.89 亿元。

2017 年年初，上市公司 T 的股票价格为 10.03 元，2019 年 12 月末，股票价格为 1.15 元，跌幅为 88.53%。

## 第五节　财务异常、粉饰和造假

前面介绍的有关于评估融入方的财务报表真实性和财务质量的内容，基本也适用于上市公司，但是由于融入方大部分从事股权投资，很少直接从事生产经营，因此报表比较简单，财务报表的真实性和财务质量分析也集中在少数几个科目。而上市公司从事各种行业的生产经营，财务报表因行业不同具有不同的特点，因此识别财务报表真实性和财务质量的过程会更复杂。

本书中提供了一些财务指标的统计分布规律（见附录），多数符合正态分布或类似正态分布，当企业的财务指标处于统计分布的极端位置时，虽不能直接认定财务报表造假，但是应该引起我们的关注，分析其产生的原因。财务指标的异常可能隐藏着一些不为人知的风险。

### 一、存贷双高

货币资金一般认为是不容易造假的，但是近年来屡屡爆出货币资金造假的案例，引起了市场关注。因为货币资金是期末余额，是时点数，因此有些上市公司为了披露的财务报告好看，会在年末或季末等报告日去拆借资金。因此如果发现有些上市公司经营情况一般，资产负债率高，经营并不好，但是货币资金很多，我们需要考虑冲时点问题，分析短期借款、应付账款、其他应付款等科目是否存在异常。

对于货币资金占总资产比例较高的要重点关注。我们以剔除了金融和房地产行业的债券发行人（本书中所有类似的统计分布规律，除特别说明外，样本数据中都剔除了金融和房地产行业）的财务报表为统计范围，计算货币资金占总资产的比率（过滤掉无效数据），统计结果如表 7-1 所示：

表7-1　货币资金占总资产比率的统计分布情况

| 日期 | 99%分位数 | 95%分位数 | 90%分位数 | 50%分位数 |
| --- | --- | --- | --- | --- |
| 2016年 | 62.88% | 44.43% | 35.91% | 15.03% |
| 2017年 | 59.00% | 42.33% | 33.76% | 14.12% |
| 2018年 | 54.59% | 39.46% | 31.09% | 13.48% |

企业账户上有大量货币资金，同时又有大量的有息负债，是不太正常的，与购买银行理财、货币基金等相比，银行存款的资产收益率较低。存贷双高有悖于提高资金使用效率获取利益的常识，有较大的可能性存在问题。

**案例 4：上市公司存贷双高的情况**

根据 Wind 资讯 2017 年末数据显示：上市公司 KDX，货币资金占总资产的比率为 54.07%，剔除预收账款后的资产负债率为 47.04%；上市公司 KMYY，货币资金占总资产的比率为 49.69%，剔除预收账款后的资产负债率为 50.73%；上市公司 DXGD，货币资金占总资产的比率为 40.44%，剔除预收账款后的资产负债率为 50.19%。

上述 3 家公司资产负债率也不高，但是已暴露出股票被 ST、股票被司法冻结、违规占用上市公司资金、货币资金记错账或债务违约等各种严重问题。

存贷双高有一种较为合理的解释，就是货币资金受限。受限资金包括外埠存款、银行汇票存款、银行本票存款、信用证存款和信用卡存款等，这些资金一般在其他货币资金核算，公司年报（或部分半年报）披露时都会有详细说明。这些资金并不可以随意使用，如果企业的货币资金绝大部分是受限的，这不是好现象，可能企业的流动性会有问题。参考现金比率可以设计一个类似的财务指标：非受限货币资金 / 流动负债，因该比率的数据分布不易统计，尚无法给出统计分布规律。

另外，也有些现金流充裕的国企会出于维护金融机构关系的考虑进行贷款，可能出现货币资金规模大，且有负债的现象，但是这类企业一般有息负债较低，通过资产负债率或者剔除预收账款的资产负债率可以分辨出来。

## 二、资产受限比例高

公司资产的受限比例都散落在年报、半年报或信评报告中，不易直接计算出分布规律，只能根据经验判断。如果企业整体资产的受限比例较高，比如高于 30%，则应更详细地评估偿债能力的相关指标。如果企业的资产受限比例达到 40% 甚至超过 50%，应关注企业的再融资能力、债务能否滚动接续的问题。该指标适用于资产负债率比较高的企业，用于进一步判断企业的债务负担，某些企业在债务违约前的资产受限比例如表 7–2 所示。

表7–2　某些企业在债务违约前的资产受限比例

| 公司名称 | 债券首次违约日期 | 违约前的财务报告时点 | 违约前的受限资产/总资产 | 违约前的资产负债率 |
| --- | --- | --- | --- | --- |
| DXGD | 2019–11–18 | 2019年半年报 | 27.69% | 52.41% |
| LFGF | 2020–03–16 | 2019年半年报 | 39.48% | 75.20% |

续表

| 公司名称 | 债券首次违约日期 | 违约前的财务报告时点 | 违约前的受限资产/总资产 | 违约前的资产负债率 |
|---|---|---|---|---|
| GRN | 2019-11-11 | 2019年半年报 | 8.91% | 67.29% |
| JGYY | 2019-11-03 | 2019年半年报 | 39.10% | 68.50% |
| GTKG | 2019-11-08 | 2019年半年报 | 13.69% | 57.64% |
| DFGY | 2019-10-08 | 2019年半年报 | 35.09% | 56.77% |
| JZCH | 2019-05-15 | 2018年年报 | 34.16% | 78.63% |
| TBGF | 2019-04-19 | 2018年年报 | 39.36% | 48.05% |
| TXHJ | 2019-03-25 | 2018年半年报 | 25.76% | 70.83% |
| QLJT | 2019-03-01 | 2018年半年报 | 13.72% | 41.99% |
| HTGK | 2018-11-26 | 2018年半年报 | 14.94% | 56.70% |

值得注意的是，一些上市公司有虚增资产的现象，表面上看受限资产比例较低，但实际受限资产比例可能较高；还有一些上市公司资金被控股股东挪用，但是并未反映到报表上。因此，要注意仔细分辨报表的真实性。也有上市公司的货币资金会不明原因地突然下降，要关注流动性风险。

**案例5：上市公司H货币资金突然大幅下降**

2018年半年报显示，上市公司H货币资金有49.62亿元，但是2018年年末迅速减至15.22亿元，2019年半年报货币资金进一步减至6.21亿元，留给投资者的反应时间很短，对于缺乏流动性的股票质押项目来说难以退出。

也有一些上市公司，可能资产规模较小，融资能力有限，资产负债率也不高，但是流动性管理能力较差，也可能出现债券违约的情况。

**案例6：上市公司债务违约前货币资金及受限情况**

上市公司GRN，2019年半年报显示，公司货币资金有1.25亿元，其中0.8亿元受限；上市公司GTKG，2019年半年报显示，公司货币资金有

0.39 亿元，其中 0.2 亿元受限。

## 三、应收账款的坏账风险

应收账款占用了公司的营运资金，既给公司增加了运营成本，又可能存在应收账款逾期的风险，易产生坏账损失。

由于市场竞争激烈，企业常常采用赊销的方式去争取客户，扩大市场占有率，而很多客户又故意拖欠账款，这种赊销就是企业应收账款风险形成的原因。赊销使得企业产品转化为现金的时间跨度拉长，企业资金周转放慢，经营成本增加。由于时间跨度拉长，发生坏账的概率增加，时间越长，企业不能收回账款的风险也就越大。

以剔除金融和房地产行业的上市公司为统计范围，计算应收账款占营业收入的比率（过滤掉无效数据），统计结果如下表 7-3 所示。

表7-3　应收账款占营业收入比率的统计分布情况

| 日期 | 99%分位数 | 95%分位数 | 90%分位数 | 50%分位数 |
| --- | --- | --- | --- | --- |
| 2016年 | 123.42% | 80.48% | 61.69% | 21.64% |
| 2017年 | 115.24% | 79.35% | 61.22% | 21.65% |
| 2018年 | 132.29% | 82.36% | 63.57% | 21.46% |

根据经验，如果一年以上账龄的应收账款大于全部应收账款的 30%，应评估应收账款的坏账风险，将公司的坏账准备比例与行业内其他公司比较，分析公司的会计估计是否审慎。如果公司的坏账准备比例明显低于行业平均水平，则表示公司的盈利质量可能较差。

### 案例 7：上市公司 W 通过变更应收账款坏账计提比例维持盈利

上市公司 W，2015 年净利润为 −0.35 亿元，2016 年净利润为 0.10 亿元，2017 年净利润为 0.16 亿元，2018 年净利润为 −1.45 亿元，可以看出公司经营业绩不佳。2017 年公司医疗产品收入占营业收入的 25%，2018 年公司医疗产品收入占营业收入的 88%。

2017 年 10 月，上市公司 W 发布公告，对医疗机构及国家行政事业单位客户，账龄 1 年以内的应收账款计提比例由 5% 改为 0，账龄 1～2 年的应收账款计提比例由 15% 改为 0，预计影响利润约 0.1 亿元。因此，应收账款计提比例对公司能否盈利的影响很大。

应收账款还要关注集中度问题，如果应收账款的集中度较高，还要识别第一大欠款客户或者前几大欠款客户是否存在关联关系，是否与公司实际控制人存在关联关系。如果欠款客户与上市公司实际控制人存在关联关系，要分析关联交易的公允性，是否存在造假的嫌疑。对欠款较多的客户，还需要分析欠款客户的信用状况，并考虑坏账风险对上市公司的影响。

**案例 8：上市公司 N 的重要客户存在违约风险**

2017 年末，上市公司扣非后归属母公司净利润为 1.57 亿元，应收账款 6.13 亿元，公司对某重要客户 W 的应收账款 1.7 亿元存在回款风险。因为 W 的母公司 J 近期发生了债务违约，被媒体广泛报道，W 是母公司 J 下辖的重要子公司，存在较大债务违约风险。

2018 年 7 月，上市公司发布公告：公司对客户 W 计提坏账准备 0.27 亿元。2018 年上市公司归属母公司净利润同比下滑约 49%。2019 年业绩预告，公司净利润亏损 1.1～1.3 亿元，业绩变动原因说明如下：主要是计提客户 W 应收账款坏账准备。

**案例 9：上市公司 S 与多名重要客户存在关联关系**

经分析，上市公司 S 主要向煤化工、石油化工客户提供节能环保综合解决方案。2017 年上半年应收账款占营业收入的 75%，前五大客户占营业收入的 94%，均为 2014 年以来新成立或近期控股权发生过变更的企业，大股东一般为合伙企业、资管公司或自然人，媒体报道上市公司与这些客户之间存在关联关系。如果将上市公司 A 和五大客户作为一个整体来看，缺少外部现金流入的依据，尚没有形成业务的良性循环。

2018 年 3 月，上市公司 S 的控股股东持有的股票被司法冻结。

## 四、存货的异常

一般来说，公司存货占资产总额的比例应该是相对稳定的，如果该比例跟同行业或本公司历史数据相比出现异常波动，那就要关注是否有随意调整存货的可能。

如果库存异常增长，说明公司产品变现能力较差，或者供应链环节有问题，或者生产销售不平衡，或者产品质量较差。如果存货的增长速度快于销售收入的增长速度，逻辑上不合理。有些公司财务造假时，可能会将本应该计到营业成本的项目继续放到存货里，导致存货虚增，美化经营业绩和偿债能力。

农林牧副渔业的存货很难核查清楚，要注意存货的真实性。例如：某上市公司 L 在 20 万亩湖中养殖的鱼，某上市公司 Z 在海边养殖的扇贝。

以剔除金融和房地产行业的上市公司为统计范围，计算存货占营业收入的比率（过滤掉无效数据），统计结果如下表 7–4 所示。

表7-4　存货占营业收入比率的统计分布情况

| 日期 | 99%分位数 | 95%分位数 | 90%分位数 | 50%分位数 |
|---|---|---|---|---|
| 2016年 | 51.22% | 32.72% | 25.43% | 10.26% |
| 2017年 | 48.86% | 31.41% | 24.42% | 10.01% |
| 2018年 | 48.89% | 31.27% | 24.83% | 10.48% |

## 五、其他应收款规模大

分析其他应收款科目时，与分析应收账款科目的情况类似，主要关注坏账风险、集中度风险、大股东占款等问题。应收账款主要是指货款，而其他应收款是指其他往来款项，这是做假账最方便快捷的途径。上市公司可能借助一些关联交易虚增收入，实际无现金往来，记录在其他应收款科目中。另外，上市公司的高额“其他应收款”还可能是大股东占用公司资金造成的结果。

以剔除金融和房地产行业的上市公司为统计范围，计算其他应收款占营业收入的比率（过滤掉无效数据），统计结果如表 7-5 所示。

表7-5　其他应收款占营业收入比率的统计分布情况

| 日期 | 99%分位数 | 95%分位数 | 90%分位数 | 50%分位数 |
|---|---|---|---|---|
| 2016年 | 55.69% | 14.36% | 7.98% | 1.48% |
| 2017年 | 52.81% | 12.29% | 6.60% | 1.21% |
| 2018年 | 89.10% | 20.34% | 9.53% | 1.41% |

以剔除金融和房地产行业的上市公司为统计范围，计算其他应收款占总资产的比率（过滤掉无效数据），统计结果如表 7-6 所示。

表7-6　其他应收款占总资产比率的统计分布情况

| 日期 | 99%分位数 | 95%分位数 | 90%分位数 | 50%分位数 |
|---|---|---|---|---|
| 2016年 | 13.82% | 5.51% | 3.42% | 0.83% |

续表

| 日期 | 99%分位数 | 95%分位数 | 90%分位数 | 50%分位数 |
|---|---|---|---|---|
| 2017年 | 13.93% | 5.18% | 3.23% | 0.70% |
| 2018年 | 19.02% | 6.99% | 4.18% | 0.84% |

## 六、投资性房地产规模大

投资性房地产是指为赚取租金或资本增值而持有的房地产。投资性房地产应当能够单独计量，可以采用成本法计量模式和公允价值计量模式。如果一家公司投资性房地产的规模较大且采用公允价值计量模式，可能会存在虚增资产的情况。虚增投资性房地产的好处是可以增加利润，降低资产负债率，美化偿债能力。这个科目属于资产科目中不太引人注目的。

### 案例 10：上市公司 K 的投资性房地产规模较大，被 ST

上市公司 K2017 年投资性房地产达 12.36 亿元，2018 年投资性房地产达 41.7 亿元，2019 年 5 月被 ST，当然这家公司最引人注目的是虚增货币资金近 300 亿元，2017 年该公司资产负债率为 53.24%，经过会计差错更正后 2018 年的资产负债率为 62.08%。

### 案例 11：上市公司 X 的投资性房地产规模较大，被 ST

上市公司 X 主营业务为房地产，2017 年年报披露的投资性房地产达 28.84 亿元，占存货的 41.66%，占总资产的 17.55%，2018 年 12 月被 ST，原因是控股股东违规占用上市公司资金，2017 年资产负债率达 49.46%，作为一家房地产公司，该公司的资产负债率在行业内属于比较低的了，但还是出现了债务违约和股票被司法冻结的情况，应该说公司 X 的资产负债率被扭曲了。

以剔除金融和房地产行业的上市公司为统计范围，计算投资性房地产占总资产的比率（过滤掉无效数据），统计结果如表 7–7 所示。

表7-7　投资性房地产占总资产比率的统计分布情况

| 日期 | 99%分位数 | 95%分位数 | 90%分位数 | 50%分位数 |
|---|---|---|---|---|
| 2016年 | 12.81% | 3.72% | 1.78% | 0.00% |
| 2017年 | 18.37% | 4.32% | 2.24% | 0.00% |
| 2018年 | 19.98% | 5.43% | 2.76% | 0.00% |

## 七、固定资产和在建工程规模大

很多企业都需要建设工程项目、购买固定资产，这些资产的价格很高而且定价不透明。如果在长期资产类科目上做假，比如企业利用在建工程将资金转出，表现为现金流量表的投资现金流流出；然后将资金转移到客户（隐藏关联方）的账户；最后客户与企业进行交易，实现资金回笼，营收、利润增加，表现为现金流量表的经营现金流流入。这种造假方法将虚增大量长期资产，只要做假的当年蒙混过去了，以后很难发现问题。比如：上市公司 WFSK 的财务造假就是充分利用了该科目。它从在建工程中洗出的资金再回流企业，增加经营活动的现金流量，这种造假手法比在流动性科目上造假更隐蔽、更难以发现。因为应收账款是流动资产，利用应收账款造假，会造成利润和现金流严重脱节的现象，并且一年之后就该按比例计提坏账准备，容易引起关注，也容易暴露。对于在建工程、固定资产上的造假，以后可以通过固定资产折旧的方式将造假痕迹自然抹除。

还有一个问题是公司在建工程规模一直较大，长期不转固定资产。如果是公司主动选择的，有可能是公司盈利压力较大，这样做为了规避固定资产的折旧；如果是被动选择的，有可能是工程迟迟达不到完工目标，也会对未来产生不利影响。

**案例 12：某民营港口违约前在建工程规模大**

某民营港口在 2017 年 10 月债券违约，根据 2017 年 9 月末财务数据计算，其在建工程占总资产的 55.23%，且之前持续几年一直有较大规模的在建工程。

以剔除金融和房地产行业的信用债发行人为统计范围，计算在建工程占总资产的比率（过滤掉无效数据），统计结果如表 7-8 所示。

表7-8　在建工程占总资产比率的统计分布情况

| 日期 | 99%分位数 | 95%分位数 | 90%分位数 | 50%分位数 |
|---|---|---|---|---|
| 2016年 | 48.69% | 28.17% | 19.21% | 2.23% |
| 2017年 | 50.15% | 27.05% | 17.68% | 2.00% |
| 2018年 | 45.71% | 25.29% | 16.49% | 1.55% |

## 八、矿产资源规模大

矿产资源涉及探矿权、采矿权等，可能记入无形资产或者油气资产等科目。矿产资源常见的问题有：1. 真实性问题，如将使用权作为所有权、超过有效期、没有合法的文件证明；2. 账面价值不准确，故意将资产过高计价。

由于矿产资源的储量、品位等数据，非专业人士难以核实，或者核实成本高昂，甚至有些矿产位于国外，导致投资者核实其价值的公允性有些不现实。既然不易核实，也就难以认定其真，当然也难以认定其假，似真似假让投资者伤透脑筋，尤其是民营企业。较为谨慎的考虑是，将民营企业的无形资产或油气资产计 0，判断公司能否正常运转、反映偿债能力的财务指标的变化是否在可接受范围，然后出具评审意见。

**案例 13：某燃气上市公司的境外油气资产**

某燃气上市公司 Z，主营天然气开采和销售。2017 年年末，公司总资产达 166 亿元，油气资产 86 亿元大部分位于境外，公司受限资产 91 亿元占总资产 166 亿元的 55%。公司资产负债率为 58.81%，流动比率为 0.96，现金比率为 0.45，EBIT 利息倍数为 3.94，EBITDA/ 带息债务为 0.26。总体来看，公司重要资产位于境外且已质押，不易核查，受限资产占比较高，存在不稳定因素。

2018 年 9 月控股股东持有的股票被司法冻结。2019 年 8 月，因上市公司违规担保申请 ST。

## 九、商誉规模大

商誉减值是当前上市公司普遍面临的一个难题。商誉是收购方支付的对价超过被收购方可辨认净资产公允价值的资本化价值，商誉产生于并购过程中，被收购方未来能带来超额利润才会溢价并购。

根据证监会会计部《会计监管工作通讯》（2017 年第 8 期）的相关规定，上市公司因并购重组产生的商誉，其减值与企业的其他长期资产（如固定资产、无形资产等）减值性质相同，属于企业日常经营活动产生，应作为企业的经常性损益。因此商誉减值既影响净利润，也影响扣非后净利润。商誉减值还会从资产负债表上减少非流动资产、总资产、净资产。

公司开展经营活动时，难免会通过并购资产扩大生产经营，而并购一旦产生溢价也就很自然地会形成相应的商誉。本来企业经营活动中经常会出现并购，不值得大惊小怪，现在商誉减值之所以会引起市场的巨大反响，主要是2015年左右一些上市公司盲目进行并购，甚至是跨界进行高溢价并购，导致商誉规模过大；而所并购的资产又未能及时足额地产生效益，这样就发生了大额商誉减值，尤其是那些跨界收购影视、游戏、网络营销等轻资产的公司，后续根本无法兑现所承诺的业绩，作为收购方的上市公司也就只能计提减值。

现在投资者越来越关注商誉减值风险，在严峻的经济形势下，企业所面临的商誉减值压力越来越大。资产减值问题刚开始暴露时，一些上市公司还试图尽可能缩小其规模、淡化其影响，以避免对公司业绩造成太大的冲击。由于上市公司还涉及连续两年亏损会被ST的问题，后来上市公司在商誉减值过程中不再考虑实际情况，尽量一次性加大计提减值的规模，虽然减值当年的财务指标会很难看，但减少了对之后年份的影响，能够避免被ST的命运。这就更加大了商誉减值的负面影响。

项目评审过程中，对于那些商誉占比较高的公司，需要引起我们的关注，一旦计提大额减值，对资产和利润的影响很大，对股票的直接反映就是估值过高，股价大幅下跌。

**案例14：上市公司T商誉高，股价连续2年下跌**

上市公司T在2019年2月发布业绩快报，商誉减值约48.14亿元，其股价走势显著弱于沪深300指数，如图7-3所示。

以剔除金融和房地产行业的上市公司为统计范围，计算商誉占总资产的比率（过滤掉无效数据），统计结果如表7-9所示。

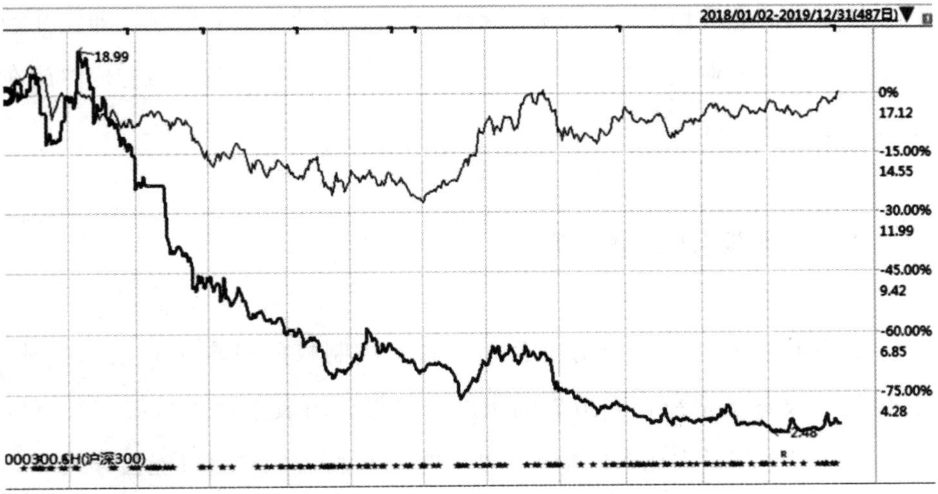


图 7-3　上市公司 T 商誉减值前后股票价格走势

表7-9　商誉占总资产比率的统计分布情况

| 日期 | 99%分位数 | 95%分位数 | 90%分位数 | 50%分位数 |
|---|---|---|---|---|
| 2016年 | 46.16% | 25.52% | 14.34% | 0.00% |
| 2017年 | 46.15% | 27.92% | 16.77% | 0.04% |
| 2018年 | 42.29% | 24.10% | 15.52% | 0.10% |

以剔除金融和房地产行业的上市公司为统计范围，计算商誉占净资产的比率（过滤掉无效数据），统计结果如表 7-10 所示。

表7-10　商誉占净资产比率的统计分布情况

| 日期 | 99%分位数 | 95%分位数 | 90%分位数 | 50%分位数 |
|---|---|---|---|---|
| 2016年 | 69.48% | 40.09% | 25.06% | 0.01% |
| 2017年 | 77.46% | 44.48% | 30.53% | 0.07% |
| 2018年 | 80.46% | 42.97% | 28.84% | 0.17% |

有个别上市公司的商誉规模比净资产还大，这就意味着一旦商誉完全减值，公司净资产为负。当发现上市公司商誉规模较大时，应当分析商誉产生的原因，追溯过往的并购事件，查阅相关的历史新闻和研究报告，分

析业绩承诺的完成情况，评估被并购资产以后持续经营的概率。即使并购对象超预期完成业绩，即使实现的业绩已经远超商誉本身，商誉依然放在那里，未来还是有减值压力。

## 十、少数股东权益占比高

少数股东权益，是指对子公司不具有控制权的股东所对应的权益。少数股东权益是站在合并报表的角度，对母公司股东和少数股东进行区分，少数股东权益占比理应较少，少数股东权益占比较高可能会导致母公司对子公司货币资金缺少实质的控制力。少数股东权益占比较高，还需要关注“明股实债”的情况，这时偿债能力指标难以反映上市公司真实的信用状况。

以剔除金融和房地产行业的上市公司为统计范围，计算少数股东权益占所有者权益的比率（过滤掉无效数据），统计结果如表 7–11 所示。

表7–11 少数股东权益占所有者权益比率的统计分布情况（上市公司）

| 日期 | 99%分位数 | 95%分位数 | 90%分位数 | 50%分位数 |
|---|---|---|---|---|
| 2016年 | 42.17% | 20.77% | 13.66% | 1.21% |
| 2017年 | 45.01% | 22.14% | 14.62% | 1.38% |
| 2018年 | 49.92% | 23.59% | 15.77% | 1.59% |

以剔除金融和房地产行业的债券发行人为统计范围，计算少数股东权益占所有者权益的比率（过滤掉无效数据），统计结果如表 7–12 所示。

表7–12 少数股东权益占所有者权益比率的统计分布情况（债券发行人）

| 日期 | 99%分位数 | 95%分位数 | 90%分位数 | 50%分位数 |
|---|---|---|---|---|
| 2016年 | 75.51% | 56.11% | 42.48% | 2.77% |
| 2017年 | 77.61% | 57.30% | 43.24% | 2.78% |
| 2018年 | 75.69% | 56.62% | 41.84% | 2.21% |

因发债企业中上市公司的控股股东较多，大部分控股比例在20%～50%，更易发生少数股东权益占比较高的情况，这种情况前面已介绍过，此处不再赘述。

## 十一、研发支出资本化比例高

根据国内会计准则，研发分为研究阶段与开发阶段，只有开发阶段的研发支出允许做资本化处理。会计准则对研发支出的处理方式有三种，包括全部费用化、全部资本化和有条件资本化。企业采用不同的处理方式，会对企业利润产生不同的影响。如果企业将研发支出全部费用化，那么在研发当年，企业可将其实际发生的研发投入作为成本费用，计入当期损益。如果是全部资本化，企业需在满足一定条件时，将研发支出确认为无形资产，在未来的使用期间，以摊销的方式计入损益。

由于A股连续两年亏损会被ST，因此研发支出资本化成为避免短期亏损的调节器。研发支出资本化比例越高，对当期净利润越有利。如果上市公司处于盈亏平衡点，可能研发支出资本化就是决定盈亏的关键因素。因此上市公司的研发支出资本化比例越高，可能盈利质量就越差。

以剔除金融和房地产行业的上市公司为统计范围，计算研发支出资本化比例（过滤掉无效数据），统计结果如表7-13所示。

表7-13　研发支出资本化比例的统计分布情况

| 日期 | 99%分位数 | 95%分位数 | 90%分位数 | 50%分位数 |
|---|---|---|---|---|
| 2016年 | 84.17% | 45.55% | 25.19% | 0.00% |
| 2017年 | 79.86% | 45.59% | 23.65% | 0.00% |
| 2018年 | 78.47% | 42.39% | 24.59% | 0.00% |

## 十二、现金流与收入利润不匹配

现行的会计制度对收入确认采用权责发生制，销售行为发生且满足收入确认条件，即使还没有收到现金，也可以记录收入，只要把客户的欠款记录在应收账款中即可。如果企业现金流断裂，那么企业将无法生存，现在企业越来越重视对现金流的管理。我们在分析企业的经营情况时，利润表很重要，现金流量表更重要，利润表的各项指标是比较容易粉饰或造假的，因此要将现金流与利润表的科目进行交叉验证。

现金收入比率是指企业销售商品、提供劳务收到的现金与主营业务收入之间的比率，计算公式为：现金收入比率 = 销售商品、提供劳务收到的现金 / 主营业务收入。假设公司适用税率 13% 的增值税，如果销售商品的收入全部是现金，那么该比率为 1.13 倍，即每 100 元销售收入对应 113 元的现金回款（另外 13 元为代收的增值税）。因为很多时候公司并不完全是现金交易，还存在赊销形式，所以会形成应收账款，营收现金比率往往小于 113%，所以该比率在 100% 以上则相对合理，如果长期低于 80% 则往往预示着企业采用了激进的销售策略导致回款乏力、产品缺乏竞争力、下游客户较为强势，对公司的经营有不利影响。

有些公司现金流波动较大，可以采用近 3 年的现金收入比率来评估企业营业收入的现金回收情况，公式如下：近 3 年的现金收入比率 = 近 3 年的销售商品、提供劳务收到的现金之和 / 近 3 年的主营业务收入之和。

采用 2015 年、2016 年、2017 年年末时点，以剔除金融和房地产行业的上市公司为统计范围，计算近 3 年的现金收入比率（过滤掉无效数据），统计结果如表 7-14 所示。

表7-14　现金收入比率的统计分布情况

| 日期 | 99%分位数 | 95%分位数 | 90%分位数 | 50%分位数 |
|---|---|---|---|---|
| 2016年 | 49.29% | 66.04% | 75.93% | 100.56% |
| 2017年 | 48.96% | 65.96% | 75.05% | 100.15% |
| 2018年 | 49.28% | 67.13% | 74.70% | 99.86% |

对于正常的企业来说，净利润一定有与之匹配的经营活动现金净流量。如果经营活动现金净流量大于净利润，表明企业可以通过占用上下游的现金来进行经营，业务经营具备一定竞争力。反之，如果经营活动现金净流量不及净利润，可能预示企业的经营有不利变化。

有些公司现金流波动较大，可以采用近 3 年的现金收入比率来评估企业的主营业务竞争力，公式如下：近 3 年的经营活动现金净流量与净利润的比率 = 近 3 年的经营活动现金净流量之和 / 近 3 年的净利润之和。

采用 2015 年、2016 年、2017 年末时点，以剔除金融和房地产行业的上市公司为统计范围，计算近 3 年的经营活动现金净流量与净利润的比率（由于上市公司经营活动现金净流量可能为负，净利润也可能为负，此处过滤掉 3 年净利润之和为负的数据，大约占上市公司的 24.5%），统计结果如表 7-15 所示。

表7-15　经营活动现金净流量与净利润比率的统计分布情况

| 日期 | 99%分位数 | 95%分位数 | 90%分位数 | 50%分位数 |
|---|---|---|---|---|
| 2016年 | −1028.83% | −176.29% | 1.91% | 108.13% |
| 2017年 | −610.88% | −130.87% | −39.51% | 99.62% |
| 2018年 | −1071.66% | −128.32% | −13.98% | 100.54% |

从这个结果来看，上市公司的经营现金流与净利润不匹配是一个较为严重的问题。

## 十三、现金自给率低

现金自给率是指经营活动产生的现金流量净额与投资活动产生的现金流量净额的比率，它反映经营活动产生的现金满足投资需求的程度，用于衡量企业维持或扩大生产经营规模的能力。计算公式为：现金自给率 = 经营活动现金净流量 / 投资活动现金净流量。该比率数值越大，说明资金自给率越高，对外部融资的依赖性越小，财务风险就越小。该比率小于 1，说明企业扩张依赖于后续融资，会导致企业的资产负债率升高，如果投资项目长期达不到预期，会给企业带来债务压力。

上述公式没有考虑经营活动现金净流量和投资活动现金净流量的正负号，仅在经营活动现金净流量为正，并且投资活动现金净流量为负时（取绝对值），较为适用。由于上市公司经营活动现金净流量可能为正也可能为负，投资经营活动现金净流量可能为正也可能为负，上述公式难以统计出它的分布规律，因此需要对公式进行改造，改为：公司现金流自给的缺口与营业收入的比率，这可能从逻辑上并不是很合理的解释，但是能说明一部分问题。

为避免现金流波动的影响，该指标仍然是以近 3 年的情况来计算，现金流自给的缺口与营业收入比率 =（近 3 年的经营活动现金净流量之和 + 近 3 年的投资活动现金净流量之和）/ 近 3 年的营业收入。

采用 2015 年、2016 年、2017 年末时点，以剔除金融和房地产行业的上市公司为统计范围，计算近 3 年的经营性现金流自给的缺口与营业收入的比率（过滤掉无效数据），统计结果如表 7–16 所示。

表7-16　经营性现金流自给的缺口与营业收入比率的统计分布情况

| 日期 | 99%分位数 | 95%分位数 | 90%分位数 | 50%分位数 |
|---|---|---|---|---|
| 2016年 | −115.30% | −45.26% | −30.84% | −2.03% |
| 2017年 | −105.21% | −45.42% | −32.10% | −4.01% |
| 2018年 | −96.25% | −40.07% | −26.97% | −3.54% |

从上述结果来看，只能说国内有部分上市公司的现金流不太匹配公司激进扩张的经营策略，扩张过程中需要不断地融资。

## 十四、偿债能力弱

偿债能力是指企业用其资产偿还债务的能力，是企业能持续经营的必要条件。分析企业的偿债能力主要是分析企业的现金流来源：货币资金、经营现金流、资产变现、再融资能力、外部支持等，下面将分别介绍反映企业偿债能力异常的相关指标。

### （一）短期偿债能力

反映企业短期偿债能力的指标主要有：流动比率 = 流动资产 / 流动负债；速动比率 =（流动资产 – 存货）÷ 流动负债；现金比率 = 现金类资产 ÷ 流动负债。很多教科书中认为流动比率为 2 是较为安全的，但是根据统计，A 股上市公司中位数流动比率仅为 1.7 左右。因为速动比率的分子中包含应收账款，应收账款又是最容易出问题的，实际工作中不应过于看重流动比率指标，在分析短期偿债能力的时候直接用现金比率比较好。

以剔除金融和房地产行业的上市公司为统计范围，计算流动比率（过滤掉无效数据），统计结果如表 7–17 所示。

表7-17 流动比率的统计分布情况

| 日期 | 99%分位数 | 95%分位数 | 90%分位数 | 50%分位数 |
|---|---|---|---|---|
| 2016年 | 25.73% | 58.88% | 79.27% | 174.58% |
| 2017年 | 29.63% | 58.75% | 81.66% | 176.53% |
| 2018年 | 24.98% | 58.51% | 76.55% | 162.38% |

以剔除金融和房地产行业的上市公司为统计范围，计算现金比率（过滤掉无效数据），统计结果如表 7–18 所示。

表7-18 现金比率的统计分布情况

| 日期 | 99%分位数 | 95%分位数 | 90%分位数 | 50%分位数 |
|---|---|---|---|---|
| 2016年 | 5.80% | 14.82% | 19.67% | 58.83% |
| 2017年 | 6.05% | 14.76% | 20.08% | 58.83% |
| 2018年 | 2.98% | 10.73% | 16.95% | 51.71% |

行业不同，现金比率也不同。根据经验，公司现金类资产应能支付 3 个月内到期的债务，现金比率低于 20% 认为存在一定流动性压力。另外，也有人称货币资金占总资产的合理比率为 15% ~ 25%，比率过低则有一定资金压力，比率过高则经营管理有保守趋向。

另外，笔者在做债券风险管理以及债券黑名单时，曾经研究使用过下面 3 个评估企业流动性的指标，分享出来请大家多提宝贵意见：

短期流动性（非受限资金）=（货币资金 –0.5× 应付票据）/（短期借款 +1 年内到期的应付债券 + 应付短期债券）

短期流动性（非受限资金 +EBITDA）=（货币资金 –0.5× 应付票据 +EBITDA）/（短期借款 +1 年内到期的应付债券 + 应付短期债券）

短期流动性（非受限资金 +EBITDA+ 授信）=（货币资金 –0.5× 应付票据 +EBITDA+ 未用授信 × 未用授信比例）/（短期借款 +1 年内到期的应付债券 + 应付短期债券）

对上述公式的解释如下：

货币资金应扣除受限资金，由于受限资金一般只在年报和半年报中披露，在批量监测时可以将应付票据的保证金视同受限货币资金扣除，企业在银行开承兑汇票时一般要存 30% ~ 50% 的保证金，具体比例依企业的性质和实力而有所不同，此处采用 50% 的保证金计算是一种近似估计，因为可能还有其他原因受限的货币资金。当然评估某个企业的货币资金时，要考虑交易性金融资产和短期银行理财的变现能力，一般可以视同货币资金，由于会计科目中不易区分，需要读者根据实际情况自行调整。

EBITDA 指息税折旧及摊销前利润，EBITDA= 净利润 + 所得税 + 固定资产折旧 + 无形资产摊销 + 长期待摊费用摊销 + 偿付利息所支付的现金，也可以认为 EBITDA= 销售收入 – 销售成本 – 管理费用（不含折旧和摊销）。在营运资金净需求不变的情况下，经营性现金净流入约等于 EBITDA，也就可以用来偿付本息。EBITDA 是短期内可获得的近似经营现金流，长期可能无法这么处理，因为经营行为会导致营运资金发生变化，企业固定资产会发生折旧等。

未用授信是可用于从银行再融资的一种能力，现实中正常企业总会提前申请银行授信，银行授信额度用满一般是负债较多的表现，也有可能中小企业跟银行联系不紧密，当上市公司资产负债率较高时，一般主要是负债较多导致授信额度用满。当未用授信比例越低时，公司在银行获得贷款的难度越大，因此公式中采用二次方程的表达方式估算公司的可用授信（未用授信比例 = 未用授信 / 总授信），可能更贴近真实情况。如果公司获得授信额度远超实际需要，则要考虑银行多头授信的问题，也就是多家银行可能同时对客户按照最高额度授信，最终导致企业获得的授信额度远超实际融资限制。

上述公式的分母都是表示短期刚性负债的科目，是必须在一年内偿还的负债。

上述公式包含了可用的货币资金、经营现金流、外部银行的支持和再融资潜力，有一定的参考价值，尤其是在批量评估企业短期偿债能力时，与单一的财务指标相比更合理。读者如有更好的评估指标，也欢迎与笔者探讨。

以剔除金融和房地产行业的上市公司为统计范围，计算短期流动性（非受限资金），统计结果如表 7–19 所示。

表7–19 短期流动性（非受限资金）的统计分布情况

| 日期 | 99%分位数 | 95%分位数 | 90%分位数 | 50%分位数 |
|---|---|---|---|---|
| 2016年 | 0.69% | 14.68% | 25.82% | 189.01% |
| 2017年 | −1.88% | 13.32% | 24.30% | 174.35% |
| 2018年 | −1.19% | 10.90% | 19.71% | 126.92% |

以剔除金融和房地产行业的上市公司为统计范围，计算短期流动性（非受限资金 +EBITDA），统计结果如表 7–20 所示。

表7–20 短期流动性（非受限资金+EBITDA）的统计分布情况

| 日期 | 99%分位数 | 95%分位数 | 90%分位数 | 50%分位数 |
|---|---|---|---|---|
| 2016年 | −2.77% | 33.08% | 52.37% | 310.70% |
| 2017年 | −0.52% | 35.22% | 50.97% | 277.04% |
| 2018年 | −121.76% | 17.65% | 39.90% | 209.60% |

以剔除金融和房地产行业的上市公司为统计范围，计算短期流动性（非受限资金 +EBITDA+ 授信），统计结果如表 7–21 所示。

表7–21 短期流动性（非受限资金+EBITDA+授信）的统计分布情况

| 日期 | 99%分位数 | 95%分位数 | 90%分位数 | 50%分位数 |
|---|---|---|---|---|
| 2016年 | 0.86% | 43.32% | 65.82% | 419.83% |
| 2017年 | 2.16% | 43.51% | 64.31% | 380.21% |
| 2018年 | −114.53% | 23.40% | 47.90% | 276.68% |

2017 年，是金融去杠杆和严监管的一年，从上述指标可以看出，与 2016 年相比，2017 年和 2018 年上市公司的流动性逐年变差。

另外，这里再提一下，注意存贷双高的情况，由于财务报表中的资产负债表是时点数，可能报表中的货币资金仅仅在报告期末才待在公司的银行账户中，其他时间可能都不在。

**（二）资产负债率**

根据众多的资料以及银行贷款时常见的规定显示，资产负债率超过70%是反映公司债务负担较重的标志，但是往往公司资产负债率在50%就违约了，为什么会出现这种情况呢？根据国内的经验，央企、国企等资产负债率即使到70%，仍然会得到众多金融机构的支持，因此对于央企、国企来说，70%可能仍然有再融资能力，不一定会违约，但是在评估债务负担时，资产负债率超过70%这个指标应该赋予重要的权重；民营企业需要分析资产质量，如果资产质量存在前面章节介绍的问题，需要进行调整，如果商誉较高，应该参照如下公式计算资产负债率：总负债/（总资产－商誉），如果少数股东权益占比较高可能存在明股实债，应参照如下公式计算资产负债率：（总负债＋少数股东权益）/总资产，采用调整后的资产负债率来评估企业的债务负担。如果不对资产负债率进行调整，可能就无法反映企业真实的偿债能力，有些民营企业资产负债率50%就可能违约了，主要原因就在于资产账面价值虚高，而负债是真实存在的。另外，有几个资产负债率偏高的行业：金融、地产、电力生产等要特殊分析。

以剔除金融和房地产行业的上市公司为统计范围，计算资产负债率，统计结果如表7–22所示。

表7–22　资产负债率的统计分布情况

| 日期 | 99%分位数 | 95%分位数 | 90%分位数 | 50%分位数 |
| --- | --- | --- | --- | --- |
| 2016年 | 90.68% | 75.43% | 67.91% | 38.67% |
| 2017年 | 93.41% | 75.73% | 67.58% | 38.58% |
| 2018年 | 97.91% | 77.63% | 69.34% | 41.05% |

另外，与资产负债率类似的一个指标是债务资本化比率。债务资本化比率即有息负债对资本的比率，反映了企业的刚性债务水平。公式为：（短期借款 +1 年内到期的长期负债 + 长期借款 + 应付债券 + 长期应付款）/股东权益合计。在揭示公司偿债能力方面，这个指标也可以对判定资产负债率提供有力的辅助。

以剔除金融和房地产行业的上市公司为统计范围，计算债务资本化比率，统计结果如表 7–23 所示。

表7-23 债务资本化比率的统计分布情况

| 日期 | 99%分位数 | 95%分位数 | 90%分位数 | 50%分位数 |
| --- | --- | --- | --- | --- |
| 2016年 | 81.15% | 61.57% | 51.68% | 15.56% |
| 2017年 | 87.16% | 61.11% | 51.51% | 15.69% |
| 2018年 | 88.94% | 61.52% | 52.29% | 18.93% |

上述数据仅供大家参考，债务资本化比率超过 50% 应该认为杠杆较高，债务负担较重。

还有一个指标：EBITDA 占有息债务的比率，也可以反映企业的债务负担，也有的人用倒数表示，即以 EBITDA/ 有息债务的倍数来表示债务负担，二者实质上是一样的。

以剔除金融和房地产行业的上市公司为统计范围，计算 EBITDA 占有息债务的比率，统计结果如表 7–24 所示。

表7-24 EBITDA占有息债务比率的统计分布情况

| 日期 | 99%分位数 | 95%分位数 | 90%分位数 | 50%分位数 |
| --- | --- | --- | --- | --- |
| 2016年 | −52.00% | 5.53% | 12.82% | 75.04% |
| 2017年 | −61.62% | 5.48% | 12.88% | 68.62% |
| 2018年 | −570.73% | −56.55% | 1.67% | 53.39% |

《垃圾债券掘金指南》（[ 美 ] 罗伯特 · 莱文著，蔡笑译）中给出的经验数据为：负债为 EBITDA 的 6 倍是可以接受的，即 EBITDA 占有息债务

的比率为16.67%。如果该指标的比例连续几年都处于悲观的发展趋势之中，那么该公司可能将面临严重的经营问题，应该避免投资这类公司。也有经验数据认为该指标大于15%是可以接受的水平，仅供大家参考。

**（三）利息保障倍数**

EBIT利息保障倍数，是企业生产经营所获得的息税前利润与利息费用之比。利息费用包括费用化及资本化利息支出。它是衡量企业长期偿债能力的指标。利息保障倍数越大，说明企业支付利息费用的能力越强。要维持正常偿债能力，EBIT利息保障倍数至少应大于1，且比值越高，企业长期偿债能力越强，也有经验数据认为EBIT利息保障倍数大于2时，企业偿债能力比较健康。当无法获取企业准确的利息费用时，也可以用财务费用代替（存在一定误差）。

以剔除金融和房地产行业的上市公司为统计范围，计算EBIT利息保障倍数（处理掉利息费用为负的影响），统计结果如表7–25所示。

表7–25　EBIT利息保障倍数的统计分布情况

| 日期 | 99%分位数 | 95%分位数 | 90%分位数 | 50%分位数 |
|---|---|---|---|---|
| 2016年 | −1415.19% | −6.32% | 154.47% | 1734.66% |
| 2017年 | −2249.48% | −12.67% | 165.78% | 1731.86% |
| 2018年 | −8424.38% | −941.80% | −69.26% | 1151.89% |

从这个指标的统计分布来看，建议将1.66倍作为可以接受的下限。

另外还有EBITDA利息保障倍数，EBITDA利息保障倍数 = EBITDA /（计入财务费用的利息支出 + 资本化利息）。EBITDA= 净利润 + 所得税 + 固定资产折旧 + 无形资产摊销 + 长期待摊费用摊销 + 偿付利息所支付的现金。EBIT主要用于衡量企业主营业务的盈利能力，EBITDA则主要用于衡量企业主营业务产生现金流的能力，这两个指标的主要区别在于是否考虑折旧和摊销。

以剔除金融和房地产行业的上市公司为统计范围，计算 EBITDA 利息保障倍数（处理掉利息费用为负的影响），统计结果如表 7-26 所示。

表7-26 EBITDA利息保障倍数的统计分布情况

| 日期 | 99%分位数 | 95%分位数 | 90%分位数 | 50%分位数 |
| --- | --- | --- | --- | --- |
| 2016年 | −940.11% | 167.15% | 306.26% | 2317.90% |
| 2017年 | −1501.99% | 141.64% | 311.70% | 2439.52% |
| 2018年 | −7312.09% | −714.27% | 118.76% | 1622.37% |

从这个指标的统计分布来看，建议将 3 倍作为可以接受的下限。《垃圾债券掘金指南》中给出的经验数据为：EBITDA 为利息的 2 倍是可以接受的，由于该书主要是讲述国外高收益债券，因此该经验数据也可供参考。如果该指标的比例连续几年都处于悲观的发展趋势之中，那么该公司可能将面临严重的经营问题，应该避免投资这类公司。

## 十五、房地产和金融行业的特点

本书反映资产质量和偿债能力的统计数据都剔除了金融行业和房地产行业，房地产行业和金融行业各有其自身特点。

### （一）房地产行业

房地产行业包括住宅、写字楼、商业物业、旅游地产等多个细分市场，不同的细分市场供求关系不同、景气度不同。房地产行业是资金密集型行业，其周转速度很重要。在预测房地产公司未来经营业绩时，土地储备、土地成本、区域布局至关重要。

房地产企业的预收款项规模较大。由于房地产开发周期较长，受限于权责发生制原则，房地产企业确认收入时点总是滞后于卖房款的收取时点。而房地产的工期也会随着市场的变化而有所调整，如市场下行阶段，房地产开发商通常会加快开盘速度以迅速回笼资金，同时拉长工程周期以后置开发成本和税收，从而缓解资金链的压力。当房地产市场下滑时，资本市场更青睐预收款项多的公司，因为其业绩已锁定。

房地产企业的其他应收款规模较大。其他应收款主要是保证金（比如投标保证金、工程保证金）、与关联方的资金往来，这是一个较为普遍的问题。

房地产企业的资产负债率较高。一般的资产负债率不能准确衡量房地产行业利用财务杠杆的规模和资金压力，计算房地产公司的资产负债率，应使用扣除预收款项后的资产负债率：（总负债 – 预收款项）/（总资产 – 预收款项）。

以房地产行业的上市公司为统计范围，计算剔除预收账款的资产负债率，统计结果如表 7–27 所示。

表7–27　房地产公司资产负债率的统计分布情况（剔除预收账款）

| 日期 | 99%分位数 | 95%分位数 | 90%分位数 | 50%分位数 |
|---|---|---|---|---|
| 2016年 | 88.99% | 82.79% | 79.93% | 56.15% |
| 2017年 | 87.80% | 84.45% | 81.06% | 57.20% |
| 2018年 | 88.90% | 84.51% | 80.20% | 58.73% |

衡量房地产企业债务负担的另一个指标是净负债率。净负债率 =（有息负债 – 货币资金）/ 净资产，其中有息负债选取的是短期借款、一年内到期的长期借款、长期借款、应付票据和应付债券之和。

以房地产行业的上市公司为统计范围，计算净负债率，统计结果如表 7–28 所示。

表7–28　房地产公司净负债率的统计分布情况

| 日期 | 99%分位数 | 95%分位数 | 90%分位数 | 50%分位数 |
|---|---|---|---|---|
| 2016年 | 425.19% | 289.52% | 197.73% | 45.42% |

续表

| 日期 | 99%分位数 | 95%分位数 | 90%分位数 | 50%分位数 |
|---|---|---|---|---|
| 2017年 | 419.51% | 289.28% | 211.26% | 44.70% |
| 2018年 | 428.24% | 231.60% | 182.39% | 48.16% |

由于房地产行业样本量较少，头部和尾部公司的差距较大，可能存在一定统计误差，这里仅列出资产负债率和净负债率供大家参考，下列指标的统计分布不再一一列出。

预收款项 / 营业收入，反映了未来可确认收入的预收款项，该比率越大未来收入的稳定性越有保障。

存货 / 营业收入，反映了土地储备的充裕性、经营业绩的可持续性。

（存货 + 货币资金 – 预收账款）/（总债务 – 预收账款），表示企业可变现资产对债务的保障程度。

房地产公司的利息成本是除了土地成本之外最主要的成本，因此普遍会对其进行资本化处理，将当期直接与房地产项目相关的利息成本资本化为存货，并在之后随着收入确认的进度摊销进销售成本之中，不同公司的资本化处理的比例不同，但是如果公司的利息资本化率忽然有大幅度提高就要引起注意，因为提高利息的资本化比例可以增厚当期利润，但是会牺牲未来的业绩。

### （二）金融行业

金融机构的资产负债表与一般工商企业不同，比如：银行的负债是储户存款，负债越多表示经营规模越大。一般来说，如果金融机构的规模大且是国企，则信用资质较高；如果金融机构的规模小且是民企，可能信用资质要略差一些，尤其是一些激进的民间资本派系控股金融机构，外部投资者很难搞清楚它们的关联交易；小型国企金融机构和大型民营金融机构信用资质位于二者之间。对于一些经营信贷或者非标准化投资业务的金融机构来说，治理结构和风险管理水平尤其重要。

金融监管部门对金融机构的财务指标有严格的监管要求，达不到监管要求有可能面临暂停业务的处罚。金融监管部门会对各类金融机构进行分类评级，因此，对金融机构的评估首先要看是否满足监管指标的要求，其次查询金融机构在监管分类评级中的排名，可以过滤掉一些存在持续经营能力问题的金融机构。

银行业金融机构与非银金融机构也有比较大的区别，业绩稳定性、股票价格波动性均有较大差异。

银行业的评估框架有很多，包括中外金融监管部门和评级机构。美国金融监管部门对银行业使用CAMEL评级法，指资本充足率（Capital Adequacy）、资产质量（Asset Quality）、管理水平（Management）、盈利状况（Earnings）和流动性（Liquidity），其英文首字母组合在一起为“CAMEL”骆驼，它可以比较全面地反映银行状况。中国银保监会使用“腕骨”CARPALs监管体系，包括资本充足性（Capital Adequacy）、贷款质量（Asset Quality）、大额风险集中度（Risk Concentration）、拨备覆盖（Provisioning Coverage）、附属机构（Affiliated Institutions）、流动性（Liquidity）、案件防控（Sle Prevention Control）等。资产质量较好、资本充足率较高、净息差较大、中间业务占比高的属于比较优质的银行。随着民营银行牌照的放开，未来也有可能会发生银行倒闭的现象，股权一文不值。笔者曾听说某银行（非上市公司）第一大股东属于民间资本派系，贷款集中度较高，且有储户挤兑的传闻。

券商的营业收入主要来自经纪、信用、投行、资管、自营等。经纪业务具有明显的周期性，股票市场的景气程度对经纪业务影响很大。自营业务既依赖于投研水平，也受市场影响，业绩波动大。资管和投行属于资本占用较少的业务，不易发生亏损。信用业务中融资融券一般风险较小，除非经营激进且缺乏集中度控制；股票质押是风险较大的业务，不良率较高，有些券商不能吸引高水平的专业人才，或者在开展业务时难以保持独立性，都易发生风险。

保险业的上市公司仅有五家，其中三家是国有控股；另一家无实际控制人，但是规模较大，经营状况良好；仅有一家公司属于民间资本派系，存在不确定性。保险业上市公司较少，此处不再做分析。

## 第六节　公告和新闻中的负面信息

上市公司公告包括定期公告和临时公告。定期公告包括公司的季报、半年报和年报，主要负责公布公司的财务状况和经营状况；相比之下，临时公告主要公布的是与企业发展或投资者利益相关的重大事件，比如并购重组、重大订单、召开股东大会、会计政策变更、管理层变更、实际控制人变更等。

定期公告，尤其是年报或者半年报，其中有些内容对于评估股票质押项目是非常有价值的，包括上市公司最新财务数据变化的解释、大股东和董监高持股的限售情况以及不减持承诺或业绩承诺，实际控制人及一致行动人的构成、重要股东融资融券账户的规模、重要的客户及其应收账款等情况。上述因素对融入方和股票的影响在前文已有论述，此处不再赘述。

临时公告，有助于了解上市公司近期发生的重要事件，有利于对上市公司整体经营情况的判断。如果发现会计政策变更的公告，要分析变更前后对净利润的影响，并将变更后的会计政策与同行业进行比较，判断是否过于激进，是否只是为了调节利润而进行的会计政策变更。

上市公司在收到交易所问询函时也要发布公告。交易所问询函通常能够传递重要的监管信号，常见的内容包括财务数据真实性、合理性，以及是否存在违规行为。例如：资产减值、研发支出资本化、提前确认收入、在建工程延迟转固定资产、关联交易、资金占用、对外担保、业绩承诺等内容。

在评审项目时，应该善于运用互联网查找上市公司的负面新闻，当然也包括实际控制人、重要高管的负面信息。在审查个人情况时，可以搜索“人名 + 赌博 + 吸毒”等关键字，偶尔会有意外收获。在审查公司情况时，可以搜索“公司名称 + 造假”，一些有问题的公司，网络上常常会有相关报道，但是网络上的信息良莠不齐，还是要依据自己的独立判断。

## 第七节　当心停牌前跌停的股票

股票停牌常见的原因有：上市公司有重要信息公布，如增资扩股、公布分配方案、重大收购兼并、股权变动等；上市公司涉嫌违规需要进行调查；发生对公司有重大影响的事件需进行澄清和公告等。

对于长期停牌的股票，估值不应采取停牌前的收盘价，而应该采用指数收益法。指数收益法是参考沪深交易所的行业指数对停牌股票进行估值的一种方法，也就是把停牌期间行业指数的涨跌幅视为停牌股的涨跌幅以确定当前公允价值。

对于停牌前跌停的股票，要引起足够的重视，要探究跌停背后真正的原因，通常是隐藏着一系列较为严重的事件尚未公开披露出来。

对于停牌股票，在有条件的情况下应等待股票复牌，待股票走势平稳后，再测算质押率，开展交易。

## 第八节　重要股东的交易行为

Wind资讯等金融终端中都有类似查询“重要股东买卖”的功能，可以发现上市公司大股东和董监高的交易行为，重点关注买卖方向和成交金额，如果上市公司大股东和董监高纷纷大额减持，说明熟悉上市公司的内部人士判断股票价格是较高的。另外，如果不是逢高减持，还要寻找控股股东大量减持背后的动机（是否为因偿还债务被迫减持?），以评估上市公司是否存在异常情况，进而评估上市公司股权结构的稳定性。

## 第九节　配股价格的异常

配股是上市公司向原股东发行新股、筹集资金的行为。公司配股时原股东拥有优先认购权，新股认购权按照原有股权比例在原股东之间分配。为了鼓励原股东出资认购，配股价格比股票市价有一定的折扣。

在比较成熟的证券市场上，配股是不受股东欢迎的，因为配股往往意味着企业经营不善，也可能是企业倒闭的前兆。当上市公司资金短缺时，首先应向金融机构进行债务融资，银行等金融机构一般不会拒绝经营稳定的公司客户。而经营不善的公司就会选择配股，向老股东进行股权融资以渡过难关。

配股一般是全体股东都应按持股比例追加投资，这样不会改变原股东的相对持股比例。当配股之后，由于除权的作用，股价就要下降，对参与配股的原股东来说，由于股票数量的增多，对公司的持股比例将保持不变。而若放弃配股，这部分股东的持股比例将会减少，放弃配股的股东与参与配股的股东相比会受到较多损失。

近几年沪深交易所开展配股的股票较为少见，笔者仅见到过一例，因为上市公司 H 股票价格炒作得很高，配股价格仅是股票市价的 25%，如果将该股票的质押率定在 25% 就与参加配股差不多，即使质押率为 10% 风险仍然很大。不久之后，上市公司 H 的控股股东持有股票 100% 被质押，最后上市公司实际控制人发生变更。

## 第十节　关于质押股票的评审结论

项目的最终评审结论是依据融入方、担保人、质押股票、公司的风险偏好等一系列因素共同作用得出的结果。仅依据质押股票的信息，除非有合理的逻辑判断项目不可行，否则不能得出项目的最终结论，此处介绍一些常见的关于质押股票的评审结论。

1. 质押股票为流通股，上市公司主营 A 业务，经营业绩稳定，估值适中，拟同意质押率不超过 ××%。

2. 质押股票为流通股，上市公司主营 A 业务，有一定市场竞争力，但是属周期型行业，经营业绩波动较大，估值略高，建议质押率不超过 ××%。

3. 质押股票为流通股，上市公司主营 A 业务，经营业绩一般，估值略高，建议质押率不超过 ××%。

4. 质押股票为流通股，上市公司主营 A 业务，经营业绩较差，未来可能有亏损风险，当前估值较高，鉴于融资规模较小，建议降低质押率，以不超过××% 为宜。

5. 质押股票为限售股，上市公司主营 A 业务，经营业绩尚可，估值适中，因股票限售期较长，建议降低质押率以不超过××% 为宜。

6. 质押股票为限售股，上市公司主营 A 业务，有一定市场竞争力，但是属于周期型行业，经营业绩波动较大，估值适中，建议降低质押率，以不超过××% 为宜。

7. 质押股票为限售股，上市公司主营 A 业务和 B 业务，B 业务为并购所得，业绩承诺已完成，商誉占总资产的 20% 以下，估值较高，建议降低质押率，以不超过××% 为宜。

8. 质押股票为限售股，上市公司主营 A 业务和 B 业务，B 业务为并购所得，业绩承诺勉强完成且刚刚过期，商誉占总资产的 20% 以上，可能面临业绩下滑和商誉减值风险，估值较高，融入方与业绩承诺人不存在关联关系，且融资规模较小，建议降低质押率，以不超过××% 为宜。

9. 质押股票为限售股，上市公司主营 A 业务和 B 业务，B 业务为并购所得，第一年业绩承诺勉强完成且仍在业绩承诺期间，商誉占总资产的 20% 以上，可能面临业绩下滑和商誉减值风险，估值较高，因融入方就是业绩承诺人（或存在密切的关联关系），不建议开展本项目。

10. 质押股票为限售股，上市公司主营 A 业务，公司所属行业竞争激烈，公司净利润逐年下滑，经营活动现金净流量与净利润不匹配，应收账款规模异常大，占营业收入的比例逐年升高，且存在坏账风险，不建议开展本项目。

11. 质押股票为限售股，上市公司主营 A 业务，前几大客户与公司实际控制人存在关联关系，公司应收账款规模庞大，经营活动现金净流量与净利润不匹配，资产负债率较高，不建议开展本项目。

12. 质押股票为限售股，上市公司主营 A 业务，存贷双高，不合常理，资产负债率较高，不建议开展本项目。

13. 质押股票为限售股，上市公司主营 A 业务，经营业绩一般，勉强盈利，但是公司研发支出资本化比例较高，在建工程规模较大且长期未转固定资产，盈利质量较差，资产负债率较高，不建议开展本项目。

14. 质押股票为限售股，上市公司主营 A 业务，经营业绩较差，盈利与亏损逐年交替，基本是壳资源，公司市值较大，不建议开展本项目。

15. 质押股票为限售股，上市公司主营 A 业务，经营业绩较差，盈利与亏损逐年交替，基本是壳资源，公司市值较小，融入方与上市公司不存在关联关系，建议降低质押率，以不超过 ××% 为宜。

16. 质押股票为限售股，上市公司主营 A 业务，经营业绩一般，资产负债率超过 70%，受限资产占总资产的 40%，不建议开展本项目。

17. 质押股票为限售股，上市公司主营 A 业务，经营业绩尚可，虽然资产负债率仅有 50%，但是无形资产（商誉）和投资性房地产占比较大，资产质量不好，上市公司发行债券的到期收益率为 15% 以上，不建议开展本项目。

18. 质押股票为限售股，上市公司主营 A 业务，经营业绩一般，虽然资产负债率不高，但是股票处于停牌状态，停牌前股票跌停，融入方是上市公司实际控制人，可能发生债务违约，不建议开展本项目。

19. 质押股票为限售股，上市公司主营 A 业务，经营业绩较差，公司货币资金很少，近期配股价格仅为股票价格的 25%，股票估值很高，不建议开展本项目。

20. 质押股票为限售股，上市公司主营 A 业务，经营业绩较差，公司存在财务报表粉饰现象，近几年多次更换会计师事务所，不建议开展本项目。

# 第八章　影响项目评审的其他因素

每个股票质押项目出具的评审结果都受到一系列因素的影响，除了前文中提到的融入方信用状况和股票资质外，还受金融监管政策、金融机构的风险偏好和容忍度、金融机构的集中度限额、股票限售、利率周期、信用周期等因素的影响。

## 第一节　金融监管政策

近年来发布的监管制度、协会指引、窗口指导等都属于金融监管政策，作为从业人员应该阅读文件原文，关注每一个细节，从业人员行为应符合所有相关制度的要求。下面仅列举监管要求的部分主要内容供大家参考。

### 一、股票质押新规（2018 年 3 月）

2018 年股票质押新规主要有下列几个制度：沪深交易所和中国结算发布的《股票质押式回购交易及登记结算业务办法（2018 年修订）》和沪深交易所发布的《股票质押式回购交易业务会员指南（2018 年修订）》、中国证券业协会发布的《证券公司参与股票质押式回购交易风险管理指引》。

股票质押新规从融入方、融出方、融资金额、质押率、集中度、融资用途、贷后管理等多个方面规范股票质押市场，对券商从业行为提出了更为严格的要求。

1. 融入方要求。融入方不得为金融机构或其发行的产品，融入方首笔初始交易金额不得低于500万元，后续每笔交易金额不得低于50万元。

2. 集中度要求。单一证券公司作为融出方接受单只A股股票质押比例不得超过30%，单一资管产品作为融出方接受单只A股股票质押比例不得超过15%，单只A股股票市场整体质押比例不超过50%。

3. 质押率要求。股票质押率上限不得超过60%。

4. 融资用途。业务协议应明确约定，融入方的融入资金应存放在指定银行开立的专用账户，并用于实体经济生产经营，且规定了禁止的资金用途。

5. 融出方要求。证券公司及其资产管理子公司管理的公开募集集合资产管理计划不得作为融出方参与股票质押回购。

6. 券商业务规模。按照分类监管原则对证券公司自有资金参与股票质押回购交易业务融资规模进行控制：分类评价结果为A，自有资金融资余额不得超过公司净资本的150%；分类评价结果为B，自有资金融资余额不得超过公司净资本的100%；分类评价结果为C，自有资金融资余额不得超过公司净资本的50%。

7. 券商事前尽职调查、事中审查、事后监控等一系列的风险管理要求。

## 二、沪深交易所发布的《关于股票质押式回购交易相关事项的通知》（2019年1月）

本通知主要目的是促进股票质押风险化解，相关内容包括：一是违约合约展期，明确融入方违约且确需延期以纾解其信用风险时，若累计回购期限已满或将满3年，经交易双方协商一致，延期后累计的回购期限可以超过3年，以存量延期方式缓解融入方还款压力。二是为解决违约风险而新增交易，对于新增股票质押融入资金全部用于偿还违约债务的，可不适用现行股票质押回购业务办法：关于单一证券公司或资管计划作为融出方接受单只 A 股股票质押数量上限（30%、15%）、市场整体质押比例上限（50%）、资管计划不得作为融出方参与涉及业绩承诺股票质押回购限制、质押率上限（60%）等条款。

## 三、机构监管情况通报（2019 年第 12 期，2019 年 8 月）

证监会指导相关证监局对 2019 年以来股票质押规模增幅较大的 9 家公司进行了现场核查，对发现的问题依法采取监管措施，并进行通报，从风控角度来看主要问题有如下。

1. 风控措施不足：简单按照一定质押率确定融资金额，对融入方信用评估、还款来源、资金流向等把关不严。

2. 质押率设置不严谨：未按新规要求制定质押率设置标准，质押率设置较为随意。

3. 尽职调查不完备：有的项目尽职调查缺少拍照、访谈记录等必要留痕，有的访谈笔录缺少访谈对象签字，对于展期项目没有形成尽职调查报告。

4. 贷后风险管理流于形式：对于资金用途的跟踪核查工作流于形式，对于资金从专户划出，但未划入融资方名下约定账户的情况，公司未能及时发现；个别公司仅以电话沟通进行贷后管理，且未见沟通记录留痕。

**案例 1：融入方营业范围违反金融监管政策**

某融入方营业执照中的经营范围包括“受托管理非公开募集基金”，即便其未在基金业协会备案为私募基金管理人，仍不能排除其是经营私募基金业务的私募经营管理机构的嫌疑。根据《股票质押式回购交易及登记结算业务办法（2018 年修订）》的规定：“融入方不得为金融机构或者从事贷款、私募证券投资或私募股权投资、个人借贷等业务的其他机构”，因此不建议开展该项目。

**案例 2：某股票市场整体质押比例接近 50%，再融资能力受限**

金融监管政策的变化会影响存量项目的风险属性。某融入方 L 是上市公司大股东，持有上市公司 60% 的股份，第二大股东持有上市公司 20% 的股份，已全部质押。融入方 L 持有股票的 50% 已质押，但是按照 2018 年股票质押新规“市场整体质押比例不超过 50%”的规定，融入方 L 无法再通过股票质押融资，存续业务只能延期或到期还款。因此开展业务时，应尽力避免市场整体质押比例接近 50% 的股票。

## 第二节　金融机构的风控制度

金融机构应对股票质押业务建立完善的风险管理框架，包括风险偏好、风险容忍度、业务规模上限、集中度管理、业务准入标准、项目评审标准、客户授信、风险监控、贷后管理、违约处置等一系列风险管理制度。大部分内容前面已有涉及，本节主要介绍两个方面：风险偏好和容忍度、集中度管理。

### 一、风险偏好和风险容忍度

针对金融机构面临的风险，风险管理框架提出风险偏好和风险容忍度两个概念。

风险偏好，是指为了实现目标，金融机构在承担风险的种类、大小等方面的基本态度。对待风险最基本的态度有三类：风险回避、风险追求、风险中立。当然金融机构也可以参考投资者适当性的五级分类：保守型、稳健型、平衡型、积极型、激进型，对具体业务设定公司的风险偏好。金融机构在制定股票质押业务的经营战略时，应符合公司的风险偏好。

风险容忍度是指金融机构对风险承担的意愿和能力。决定风险容忍度的因素除了主观的风险偏好因素以外，还有一些决定金融机构风险承担能力的客观因素，如资本金规模、管理风险的能力等。借助风险容忍度，金融机构可以通过自上而下地设置各业务的风险限额，从而把风险控制在可忍受的范围内。

例如：金融机构近几年平均净利润约 10 亿元，以净利润的 20% 作为单一业务条线风险容忍度的上限，即单一业务条线最大损失不超过 2 亿元，这个思路比较适合于业务成长期。另一个思路是股票质押业务风险不外溢，即股票质押业务的净利息收入能够覆盖风险项目的损失，适合于业务成熟期。在制定股票质押业务的风险容忍度指标时，应考虑业务规模、违约率、违约损失率、客户集中度等指标。

业务规模 × 违约率 × 违约损失率 <2 亿元，这三个指标互相约束，在制定绩效考核时，应至少分别设置三个考核指标：业务规模考核业务拓展能力，违约率考核风险管理能力，违约损失率考核风险处置能力。

为了避免偶然因素的影响，应设置客户集中度限额。假定股票质押发生风险事件后，最低履约保障比例可能到 33%，金融机构可以容忍的损失金额不超过 2 亿元，那么单一股票或单一客户最大业务规模不应超过 3 亿元。

### 二、集中度管理

通常来说，金融机构的集中度管理包括客户集中度、行业集中度、国别集中度等。客户集中度首先要符合监管要求，包括2016年11月证监会发布的《证券公司风险控制指标管理办法》、2020年1月发布的《证券公司风险控制指标计算标准规定》。

券商在开展股票质押时需遵守的集中度指标有：单一客户融资（含融券）业务规模与净资本的比例≤5%。融资（含融券）的金额是指证券公司开展融资融券业务、约定式购回交易、股票质押式回购交易等融资类业务融出（含融券）金额总计。

券商还要根据风险偏好、风险容忍度制定适合本机构的集中度管理策略，以下给出关于集中度的风控指标供大家参考：

1. 单一客户股票质押融资金额≤××亿元；

2. 质押单一股票的数量占总股本的比例≤×%；

3. 房地产行业质押融资规模≤××亿元，或者房地产行业质押融资规模/总规模≤×%；

4. 创业板股票质押融资规模≤××亿元，或者创业板股票质押融资规模/总规模≤×%；

…………

## 第三节　股票限售对质押率的影响

限售股是指那些短期内不能通过集中竞价交易方式卖出的股票，常见的如 IPO 限售股、重大资产重组限售股、股改限售股等。有些股票虽然是流通股，但是减持受到限制，或者融入方承诺不减持，或者股票成交量小无法在短期内卖出的，均应视同限售股。建议实际工作中以 10 个交易日能卖出且不对股票价格产生太大冲击的股票数量（当日成交额的 20%）视同流通股，其余均视同限售股。

## 一、股票限售规则

《中华人民共和国公司法》规定，公司公开发行股份前已发行的股份，自公司股票在证券交易所上市交易之日起一年内不得转让。公司董事、监事、高级管理人员在任职期间每年转让的股份不得超过其所持有本公司股份总数的百分之二十五；所持本公司股份自公司股票上市交易之日起一年内不得转让。上述人员离职后半年内，不得转让其所持有的本公司股份。

交易所《股票上市规则》对限售情况的规定：IPO 前原股东持有股份上市后限售 1 年，控股股东、实际控制人限售 3 年；中小板刊登招股说明书之日前 12 个月内增资扩股，应限售 3 年；科创板对核心技术人员还有规定：自公司股票上市之日起 12 个月内和离职后 6 个月内不得转让本公司首发前股份等。

## 二、股票减持规定（2017 年 5 月）

融入方（创业投资基金除外）减持股票需满足证监会发布的《上市公司股东、董监高减持股份的若干规定》（证监会公告〔2017〕9 号）、沪深交易所发布的《上市公司股东及董事、监事、高级管理人员减持股份实施细则》等，针对持股 5% 以上的大股东、董监高、IPO 前发行的股份、定增股份（2020 年 2 月 14 日之后的定增股份不再适用股票减持规定）的具体规定如下：

1. 上市公司、大股东、董监高，因涉嫌证券期货违法犯罪，在被中国证监会立案调查或者被司法机关立案侦查期间，以及在行政处罚决定、刑事判决作出之后未满 6 个月的，不得减持股票。

2. 大股东、董监高因违反证券交易所规则，被证券交易所公开谴责未满 3 个月的，不得减持股票。

3. 大股东减持或者特定股东减持，采取集中竞价交易方式的，在任意连续 90 日内，减持股份的总数不得超过公司股份总数的 1%。

4. 大股东减持或者特定股东减持，采取大宗交易方式的，在任意连续 90 日内，减持股份的总数不得超过公司股份总数的 2%。

5. 大股东减持采取协议转让方式，减持后不再具有大股东身份的，出让方、受让方在 6 个月内应当遵守前述 1% 的规定。

6. 上市公司大股东与其一致行动人所持有的股份应当合并计算。股东开立多个证券账户、客户信用证券账户的，各账户可减持数量按各账户内有关股份数量的比例分配确定。

7. 大宗交易受让方在受让后 6 个月内，不得转让所受让的股份。

8. 定增股份，自股份解除限售之日起 12 个月内，减持数量不得超过其持有该次非公开发行股份数量的 50%。

9. 董监高在任期届满前离职的，在其就任时确定的任期内和任期届满后 6 个月内，每年转让的股份不得超过其所持有本公司股份总数的 25%。

10. 董监高在任期届满前离职的，离职后半年内，不得转让其所持本公司股份。

11. 因欺诈发行或者因重大信息披露违法，受到证监会行政处罚或被依法移送公安机关，触及退市风险警示标准的，在公司股票终止上市或者恢复上市前，控股股东、实际控制人、董监高及其一致行动人不得减持所持有的公司股份。上市公司披露公司无控股股东、实际控制人的，其第一大股东及第一大股东的实际控制人应当遵守该规定。

12. 因司法强制执行、执行股权质押协议、赠予、可交换债换股、股票权益互换等减持股份的，应当按照本规定办理。

13. 上市公司股东、董监高曾就限制股份转让做出承诺的，应当严格遵守。

## 三、创业投资基金减持规定（2020 年 1 月）

如果融入方是创业投资基金，需遵守证监会发布的《上市公司创业投资基金股东减持股份的特别规定（2020 年修订）》。创业投资基金所投资的企业满足下列情形之一：（1）首次接受投资时，企业成立不满 60 个月。（2）首次接受投资时，企业职工人数不超过 500 人，根据会计事务所审计的年度合并会计报表，年销售额不超过 2 亿元、资产总额不超过 2 亿元。（3）截至发行申请材料受理日，企业依据《高新技术企业认定管理办法》（国科发火〔2016〕32 号）已取得高新技术企业证书。通过交易所集中竞价交易减持其持有的发行人首次公开发行前发行的股份，适用下列比例限制，截至发行人首次公开发行上市日：

（1）投资期限不满 36 个月的，在 3 个月内减持股份的总数不得超过公司股份总数的 1%。

（2）投资期限在 36 个月以上但不满 48 个月的，在 2 个月内减持股份的总数不得超过公司股份总数的 1%。

（3）投资期限在 48 个月以上但不满 60 个月的，在 1 个月内减持股份的总数不得超过公司股份总数的 1%。

（4）投资期限在60个月以上的，减持股份总数不再受比例限制。

投资期限自创业投资基金投资该首次公开发行企业金额累计达到300万元之日或者投资金额累计达到投资该首次公开发行企业总投资额50%之日开始计算。

## 四、上市公司非公开发行股票的减持规定（2020年2月14日）

证监会修订《上市公司非公开发行股票实施细则》，上市公司董事会决议提前确定全部发行对象（含上市公司控股股东、实际控制人或其控制的管理人，通过认购本次发行的股份取得上市公司实际控制权的投资者，董事会拟引入的境内外战略投资者），认购的股份自发行结束之日起十八个月内不得转让。上述规定以外的情形，以竞价方式确定发行价格和发行对象的，发行对象认购的股份自发行结束之日起6个月内不得转让。

证监会修订的《上市公司证券发行管理办法》第七十五条规定："依据本办法通过非公开发行股票取得的上市公司股份，其减持不适用《上市公司股东、董监高减持股份的若干规定》的有关规定。"

## 五、融入方不减持股票的承诺

融入方不减持股票的承诺，一般发生在上市、资产收购、增持股票、股权激励等事件时做出，查阅上市公司公告或者最新的定期报告（年报、半年报、季报），均可以找到融入方不减持的承诺，在承诺到期前，质押股票应视同限售股。

## 六、高管可转让额度

如果融入方是上市公司高管，即使质押股票是流通股，也要受到上市公司高管的减持限制，即“每年转让的股份不得超过其所持有本公司股份总数的25%”。对于这25%的可减持股票，中国证券登记结算有限责任公司深圳分公司设立了“可转让额度”的概念，如果将可转让额度转至某券商开的证券账户，次年分配时一般不会消失；当高管减持股票后，次年重新分配可转让额度时，具体分配到哪个券商开的证券账户，有一定的随机性。当股票质押出现风险时，证券账户内没有高管可转让额度，券商就没有办法平仓。

因此，在开展股票质押交易时，可以提前要求融入方将高管可转让额度转到本公司。

**案例3：原始股**

融入方A为持股平台，拟质押的股票为原始股，融入方持股占总股本的0.5%，解禁时间在0.5年后，所持股票全部质押。

评审意见：质押股票为限售股，解禁后无减持限制，通过集中竞价交易方式减持时间为0.5年。

**案例4：定增股票**

融入方B为持股平台，拟质押的股票为定增获得（2020年2月14日之前），股票已解禁0.5年，融入方参与定增的股票占总股本的2%，融入方已减持总股本比例的0.5%，剩余股票全部质押。

评审意见：因定增股票解禁后1年内仅能减持参与定增股票数量的50%，因此质押股票中占总股本的0.5%视同流通股。剩余占总股本1%的股票视同限售股，通过集中竞价交易方式减持时间为 0.5 年。

**案例 5：定增股票**

融入方 C 为机构，拟质押的股票是通过定增以竞价方式获得（2020 年 2 月 14 日之后），股票距离解禁还有 0.3 年，融入方参与定增的股票占总股本的 2%，股票全部质押。

评审意见：质押股票为限售股，定增股票（2020 年 2 月 14 日之后获得）解禁后不受减持限制，因此通过集中竞价交易方式减持股票的时间为 0.3 年。

**案例 6：定增股票**

融入方 D 为机构，拟质押的股票是通过定增获得（2020 年 2 月 14 日之后），在董事会决议之前确定发行对象，股票距离解禁还有 1 年，融入方参与定增的股票占总股本的 5%，股票全部质押。

评审意见：质押股票为限售股，定增股票解禁后不受减持限制，因此通过集中竞价交易方式减持股票的时间为 1 年。

**案例 7：高管锁定股**

融入方 E 为个人，在上市公司任高管，拟质押的股票为原始股，融入方持股占总股本的 1.5%，解禁时间在 1.5 年后，所持股票全部质押。

评审意见：质押股票为限售股，解禁后受特定股东和高管减持限制，1.5 ~ 3 年期间仅能通过集中竞价交易方式减持占总股本 0.66% 的股票，剩余总股本 0.84% 的股票可在 3 年后根据股票成交量择机减持。

**案例 8：实际控制人**

融入方 F 为个人，上市公司实际控制人，融入方及一致行动人持有上市公司 24% 的股份，拟质押的股票为原始股，3 年前已解禁，拟质押占总股本 2% 的股票。

评审意见：质押股票视同限售股，计算减持比例时，大股东与其一致行动人的持股合并计算。由于融入方在多家券商质押融资，跌破平仓线减持股票时，根据减持规定“股东开立多个证券账户、客户信用证券账户的，各账户可减持数量按各账户内有关股份数量的比例分配确定”，融入方通过集中竞价交易方式减持占总股本 20% 的股票，所需时间约为 5 年，之后持股降为 5% 以下，半年之后不再受减持限制。

**案例 9：实际控制人**

融入方 G 为个人，上市公司实际控制人，融入方持有上市公司 52% 的股份，拟质押的股票为原始股，5 年前已解禁，拟质押占总股本 12% 的股票。

评审意见：质押股票视同限售股，由于融入方在多家券商质押融资，跌破平仓线减持股票时，根据减持规定“股东开立多个证券账户、客户信用证券账户的，各账户可减持数量按各账户内有关股份数量的比例分配确定”，融入方在通过集中竞价交易方式减持占总股本 48% 的股票时，所需时间约为 12 年，之后持股降为 5% 以下，半年之后不再受减持限制。

## 七、股票限售对质押率的影响

如果质押股票是流通股，当跌破平仓线时，融入方卖出股票足够还本付息。但是如果质押股票是限售股，当跌破平仓线时，就无法及时平仓。

融入方面临违约之后的高额违约金，可能有两种结局：如果金融机构未能达成一定共识，股票被众多金融机构轮番司法冻结，处置周期漫长，最终陷入僵局；如果金融机构达成共识，待股票解禁后，卖出股票，至于能否还本付息要看运气。这是一种类似于囚徒困境的博弈，当金融机构众多时几乎必然走入僵局，除非有监管机构或者政府部门居中协调。

因质押股票限售，跌破平仓线后不能及时平仓，已成为风险积累的重要原因。假定股票质押每年有 2% 的项目违约，如果当年的违约项目无法平仓，那么第二年年末存续业务的累计违约率就是 4%，第三年年末存续业务的累计违约率是 6%，金融机构的损失是不可承受的。

同一只股票质押，流通股股票质押的风险低于限售股股票质押，从风险收益匹配的角度分析，限售股质押率应低于流通股质押率。下表是根据交易所公布的每周质押率数据计算出的限售对质押率的影响，最后一列是指：有限售条件股份的平均质押率 – 无限售条件股份的平均质押率。因股票减持新规是在 2017 年 5 月公布的，因此 2018 年和 2019 年的数据更具有代表性，可以看出股票限售对质押率的影响大约是 6 个百分点。表 8–1 所示为限售股与流通股质押率的差异。

表8–1 限售股与流通股质押率的差异

| 年份 | 交易所 | 无限售条件股份的平均质押率（%） | 有限售条件股份的平均质押率（%） | 两者之差（%） |
|---|---|---|---|---|
| 2019 | 上交所 | 38.74 | 32.75 | 5.99 |
| | 深交所 | 35.65 | 29.40 | 6.25 |
| 2018 | 上交所 | 39.31 | 31.88 | 7.43 |
| | 深交所 | 34.60 | 29.66 | 4.93 |
| 2017 | 上交所 | 44.77 | 37.66 | 7.11 |
| | 深交所 | 41.66 | 35.77 | 5.89 |
| 2016 | 上交所 | 39.22 | 38.08 | 1.14 |
| | 深交所 | 36.14 | 34.26 | 1.88 |

# 第四节　利率、信用与投资组合

股票质押业务会受到利率周期、信用周期的影响，另外在业务开展过程中可以通过投资组合来合理配置资金，降低集中度风险。

## 一、利率周期

利率风险是指市场利率变动的不确定性给金融机构造成损失的可能性。由于股票质押为融资类业务，无二级市场反映公允价值，一般券商拆借的资金期限与股票质押的融资期限相同，这在一定程度上规避了利率风险，在此种情况下，股票质押业务的利率风险管理较为简单。

另外，准确判断短期利率的趋势，有利于增强金融机构的盈利能力。股票质押的利率是在初始交易时由合同约定的，利率重定价的周期一般是一年。如果预测利率上升，金融机构可以在合同中增加选择权，如可以选择每季度进行利率重定价；如果预测利率下降，应尽可能延长利率重定价的周期，合同中尽量避免赋予融入方选择权。

在债券投资领域，收益主要来自“资质下沉、拉长久期、加杠杆”，股票质押业务管理也可以借鉴债券投资的策略，在利率下行周期做长期的项目，滚动拆借短期的资金，可以获得一定的利差收益，这需要对利率趋势和利率期限结构的变化有一定预测能力，缺点是可能会给券商带来流动性管理压力。

## 二、信用周期

信用利差反映的是债券收益率与无风险收益之间的溢价，经济周期的变化会影响信用利差的大小。经济下行周期，股票市场下跌，违约风险逐渐暴露，违约率上升引发市场对于信用违约的担忧，导致信用利差上行。经济恢复周期，企业经营好转，股票市场上涨，违约风险小，信用利差下行。因此观察债券的当前信用利差与历史信用利差，可以判断信用周期，金融机构可以选择不同的经营策略。当经济下行、违约风险大时，降低质押率，提高融资利率，使得风险与收益能够匹配。当经济复苏、违约风险小时，则采取相反的措施。由于信用债违约的影响较股票质押违约更严重，因此，当融入方（发行人）面临债务困境时，总是尽量保证信用债的兑付，选择让股票质押违约，所以股票质押违约是信用债违约的预警指标。

## 三、投资组合

通过构建投资组合可以分散金融风险，股票投资和债券投资都可以在二级市场买入符合投资组合策略的证券，但是股票质押并没有合适的二级市场，业务来源只能依赖于承揽人员的营销能力，只能是从很小范围的客户中选择业务。虽然股票质押并不能自如地构建投资组合，但是也要尽可能地分散化投资，包括行业、客户、股票等方面。在考虑股票质押的投资组合时，首先应根据当前经济环境和产业政策选择合适的行业，确定相关行业比例限制，单一行业的集中度不能太高，通过多行业的投资组合来分散极端风险，优先配置非周期型或景气度高的周期型行业，如 2018 年的环保行业、2019 年的房地产行业，都应选择低配。因为优质项目的信用利差低，还要在风险可控的条件下，尽可能从质量一般的项目上获取净利息收入，同时做好持仓集中度管理，优质项目规模可以大一些，质量一般的项目规模小一些，既能够提高收益又能分散风险。

## 第五节　如何看待质押率模型

国内外信用评级已经发展了几十年，理论上有各类量化模型，但是每个评级机构的从业人员至少几十人，每人都有专门负责的行业，主流投资机构是没有单纯依赖外部评级做信用债风控的。目前每家金融机构做债券投资时，都建设或计划建设信用评级系统，但仍然设置专门的信评岗，少则三五人，多则几十人，研究投入精力相当大。

据了解，一些券商开发的股票质押率测算模型主要采取打分卡的方式，在选择指标、参数、权重、定性因素等方面存在着较大的裁量空间，评分过程是将多项指标相加，隐含的假设即为各变量之间为相互独立关系，这种假设较为简单，不一定符合实际情况。即使初始打分卡是准确的，随着时间的推移也还需要定期进行校准，券商对股票质押业务条线人员和技术的投入普遍不足，这也是量化模型应用中面临的最大问题。也有一些研究文献采用 VAR 模型，通过计算质押期内股票价格变化的最差情形来确定质押率。依经验来看，量化模型确实能够区分公司的资质，并且有一定的准确度，越是精心设计和调整过的模型准确度越高，有些模型的准确率能到 70% 以上，但是这种准确度尚不能达到券商对风险的容忍度要求。

量化模型并不能完全代替专业人士的经验判断，但是使用量化模型能让经验不足的人迅速掌握基本知识，使其工作质量保持在一定水准之上。

另外，量化模型给出了具体的质押率数据，有利于解决前台业务和中台风控之间的分歧。或许这两点就是目前量化模型应用过程中所能发挥的作用。

## 第六节 融入方和质押股票的选择

从理论上来说，在股票质押业务中，融入方和质押物都很重要，在审查审批时只重视其一显然是有缺陷的。如果融入方债务负担重，质押股票资质比较好，也会出现风险，因为融入方是第一还款来源，如果出现违约，股票容易被其他债权人司法冻结，而处置质押物的周期又比较长（大部分都是限售股），耗时耗力。如果融入方资质尚可，质押股票资质较差，也会出现风险，当股票出现 ST 或者退市等情况时，金融机构会要求融入方提前还款，一般情况下融入方即使有偿债能力也会面临流动性问题，因此质押股票出现问题也会导致项目出现风险。那么如何选择融入方和股票呢？如果将融入方和股票的资质粗略划分为三档：优、中、差（如图 8-1 所示），建议选择Ⅰ、Ⅱ、Ⅲ、Ⅳ区间内的业务，因为不论是融入方还是股票，资质差都容易发生风险。如果金融机构风险偏好较高，也可以通过优化交易条件选择其他区域的项目，项目由优到差的顺序如下：Ⅴ、Ⅸ、Ⅵ、Ⅷ，不建议选择Ⅶ区域的项目，如图 8-1 所示。

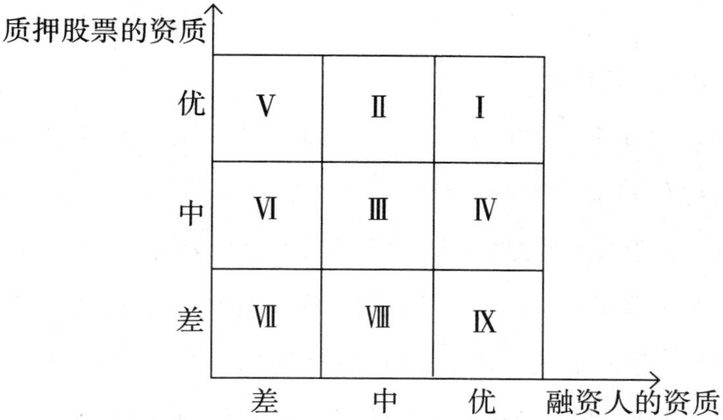


图 8-1　融入方和股票的资质矩阵

# 第七节　借壳上市、注册制与退市

与非上市公司相比，上市公司最大的优势是能在证券市场上大规模筹集资金，有利于促进公司的快速扩张。因此，上市资格已成为一种“稀有资源”，所谓“壳”就是指上市公司的上市资格。

## 一、壳价值是业务底线

上市公司壳价值是指上市公司控股权的成交价格高于股票估值部分的差价。上市公司壳价值波动较大，股票市场低迷时可能低至 10 亿元，股票市场高涨时壳价值能涨至 50 亿元。2015 年前后的借壳上市都付出了巨大成本，后来这些上市公司纷纷出现严重问题，甚至面临退市。随着 A 股注册制的实行，壳价值将会越来越低。据一些资料介绍，我国香港主板的壳价值大约在 6 亿港元左右。

当前 A 股市场有 3000 多只股票，按市值排列，剔除 ST 类股票，市值最小的大约在 12 亿元左右，当然随着 A 股的波动，这个数值也会不断地变化。在测算股票的质押率时，对于正常的上市公司，不论经营亏损还是盈利，12 亿元都是一个比较低的价格，在评估资质比较差的股票的质押率时，可以参考这个底线，即当股票总市值跌至 12 亿元时，不能跌破平仓线。实际工作中，资质比较差的股票应尽量避免开展业务。

## 二、关于借壳上市

2015 年前后是 A 股历史上的借壳高峰。然而，在疯狂借壳的背后，“高估值、高溢价、高承诺”的“三高”现象很普遍，在借壳完成之前上市公司发布各种利好、各种美好预测，试图证明并购标的具有高增长性，然而，有多家公司在借壳完成后却发生业绩下滑、业绩承诺无法兑现，甚至有的公司还被 ST，濒临退市边缘等。

**案例 10：2015 年前后借壳上市出现问题的占三分之一**

据 21 世纪经济报道记者统计，2014 年和 2015 年的 62 家借壳完成上市的公司中，有 9 家上市公司被证监会立案调查，8 家被出具保留意见、否定意见和无法表示意见，14 家出现业绩承诺未完成的情况。剔除重合的上市公司，共计 21 家上市公司出现证监会立案调查、非标意见、业绩承诺未完成等三大异常情况，占比高达 1/3。

借壳上市的股票质押爆雷途径大致如此：借壳上市后，上市公司实际控制人通过质押股票融资，偿还之前借壳上市的费用，然后由于资产盈利不达预期或者股票市场不景气，业绩承诺无法完成，股票价格下跌，股票质押跌破平仓线或者到期无法续作，最后实际控制人铤而走险违规占用上市公司资金，所持股票被司法冻结，上市公司黯然退市。如果借壳上市的股票质押爆雷，将会是大雷，应尽量避免此类业务。

## 三、关于注册制

2019 年，上交所设立科创板并试点注册制。根据上交所相关通知，科创板股票暂时不能开展股票质押。假如以后开展科创板股票质押，需要注意哪些问题呢？科创板股票，主要面向新兴产业，相对于主板和中小板来说，降低了拟上市公司的营业收入、利润等要求，科创板股票价格的波动范围更大，股票竞价交易的价格涨跌幅限制为 20%，未来能够开展股票质押时应实行更为严格交易条件，比如：降低质押率、提高平仓线、控制融资规模等。

有的金融机构会开展新三板股票质押业务，由于新三板股票的流动性较差、摘牌较为常见，与 A 股股票存在较大差异，风险更大，风控措施应考虑得更为充分。

## 四、关于股票退市

退市是指上市公司由于未满足交易所有关标准而主动或被动终止上市的情形，即由一家上市公司变为非上市公司。退市可分主动退市和被动退市。

主动退市是指公司根据股东会和董事会决议主动向监管部门申请注销《许可证》，可能有如下原因：营业期限届满，股东会决定不再延续；股东会决定解散；因合并或分立需要解散；破产；根据市场需要调整结构、布局。实际上，公司上市后有利于融资扩张，而且可以提升公司品牌，一般只有当公司被吸收合并时才会主动退市。

被动退市是指上市公司被监管部门强行吊销《许可证》，一般因为有重大违法违规行为或因经营管理不善造成重大风险等原因。当上市公司的净资产为负数、营业收入低于1000万元、连续3年亏损、不按规定公开年报或者财报造假、有重大违法行为、连续3年审计意见为否定意见或者无法表示意见等，即有可能被动退市。

按制度股票退市可以转入三板挂牌，但是2018—2019年退市的多只股票一直未能在三板挂牌。近年来退市的股票，基本是资不抵债或债务问题十分严重的公司的，要依赖破产重整才有可能走出困境，如果不能重整，股票价值所剩无几。

被动退市对股票质押项目来说是最严重的风险事件，应在协议条款中明确出现亏损、暂停上市、被ST等情况时，项目提前结束，规避上市公司继续恶化导致退市的情况。大家感兴趣的话，可以研究一下近年来A股退市股票的相关情况，具体如表8-2所示。

表8-2 近年来被动退市的股票

| 证券代码 | 证券简称 | 退市日期 | 退市原因 |
|---|---|---|---|
| 600240.SH | 退市华业（退市） | 2020-02-05 | 其他不符合挂牌的情形 |
| 000018.SZ | 神城A退（退市） | 2020-01-07 | 其他不符合挂牌的情形 |
| 200018.SZ | 神城B退（退市） | 2020-01-07 | 其他不符合挂牌的情形 |
| 600747.SH | 退市大控（退市） | 2019-12-12 | 其他不符合挂牌的情形 |
| 002143.SZ | 印纪退（退市） | 2019-11-29 | 其他不符合挂牌的情形 |
| 002680.SZ | 长生退（退市） | 2019-11-27 | 其他不符合挂牌的情形 |
| 002018.SZ | 华信退（退市） | 2019-11-01 | 连续三年亏损 |
| 002477.SZ | 雏鹰退（退市） | 2019-10-16 | 其他不符合挂牌的情形 |
| 600401.SH | 退市海润（退市） | 2019-07-12 | 连续三年亏损 |
| 002070.SZ | 众和退（退市） | 2019-07-09 | 连续三年亏损 |

续表

| 证券代码 | 证券简称 | 退市日期 | 退市原因 |
| --- | --- | --- | --- |
| 000693.SZ | 华泽退（退市） | 2019-07-09 | 连续三年亏损 |
| 600680.SH | *ST上普（退市） | 2019-05-24 | 其他不符合挂牌的情形 |
| 900930.SH | *ST沪普B（退市） | 2019-05-24 | 其他不符合挂牌的情形 |
| 000979.SZ | 中弘退（退市） | 2018-12-28 | 其他不符合挂牌的情形 |
| 000511.SZ | 烯碳退（退市） | 2018-07-18 | 连续三年亏损 |
| 600432.SH | 退市吉恩（退市） | 2018-07-13 | 连续三年亏损 |
| 600806.SH | 退市昆机（退市） | 2018-07-13 | 连续三年亏损 |
| 300372.SZ | 欣泰退（退市） | 2017-08-28 | 报送包含虚假财务数据的IPO申请文件 |
| 000033.SZ | 新都退（退市） | 2017-07-07 | 连续三年亏损 |
| 600656.SH | 退市博元（退市） | 2016-05-13 | 其他不符合挂牌的情形 |
| 200770.SZ | 武锅B（退市） | 2015-07-13 | 连续四年亏损 |
| 000594.SZ | 国恒（退市） | 2015-07-13 | 连续四年亏损 |
| 601268.SH | *ST二重（退市） | 2015-05-21 | 连续四年亏损 |

## 第八节　所得税对平仓线的影响

根据财政部、国家税务总局、证监会《关于个人转让上市公司限售股所得征收个人所得税有关问题的通知》，自2010年1月1日起，对个人转让限售股取得的所得，按照“财产转让所得”，适用20%的比例税率征收个人所得税。如果纳税人未能提供完整、真实的限售股原值凭证、不能准确计算限售股原值，主管税务机关一律按限售股转让收入的15%核定限售股原值及合理税费。有些地方政府有税收优惠政策，可以实现不同比例的优惠。因为个人所得税是代扣代缴，平仓时要考虑所得税的影响，有所得税的要提高平仓线。例如：无所得税的流通股平仓线130%、无所得税限售股平仓线140%、有所得税的流通股平仓线150%、有所得税的限售股平仓线170%。

# 第九节　技术分析如何影响质押率

本书大部分内容是关于股票基本面分析的，但是技术分析也不能忽视。技术分析是从供求关系变化规律，寻找、摸索出一套分析市场走势、预测市场未来趋势的金融市场分析方法。技术分析与基本分析有如下区别：

1. 技术分析着重于分析股票价格的波动规律，基本面分析侧重于研究股票的长期投资价值。

2. 技术分析主要分析股票的供需表现、市场价格和交易数量等市场因素来预测股票价格的涨跌，是属于短期性质的；基本面分析主要从所属行业、企业经营情况、股票估值等来评估股票的投资价值，是属于长期性质的。

3. 技术分析重点帮助投资者选择适当的交易时机和操作方法，基本面分析重点帮助投资者正确地选择投资对象。

股票质押的周期虽然通常只有一年，但是对于技术分析来说仍然周期较长，因此不能简单地运用技术分析的方法去预测股票价格趋势。但是基本面分析法对短期的市场变动难以做出正确判断，股票质押的交易时点也很重要，因此要关注股票价格趋势的异常现象，技术分析也能发挥一定的作用。

观察最近几年股票价格的趋势与对应股票指数的趋势，会有一定的参考价值，正常的股票在大周期内应该呈现出跟随指数波动的趋势，非常优秀的股票会走出独立的市场行情，资质较差的股票也有一些个性化的特征。对于股票质押来说，尤其要关注资质较差的股票，当股票走势与指数走势有明显差异时，要分析其中的原因。例如，某只股票的价格走势过于平坦，下影线较长，股票质押比例很高，不排除控股股东有操纵股票维持股价的嫌疑。

图 8–2 是某股票（下方 K 线）与沪深 300 指数（上方 K 线）的叠加

图，可以看出在股票下跌过程中，蜡烛图的下影线较长，疑似存在资金托市的可能。

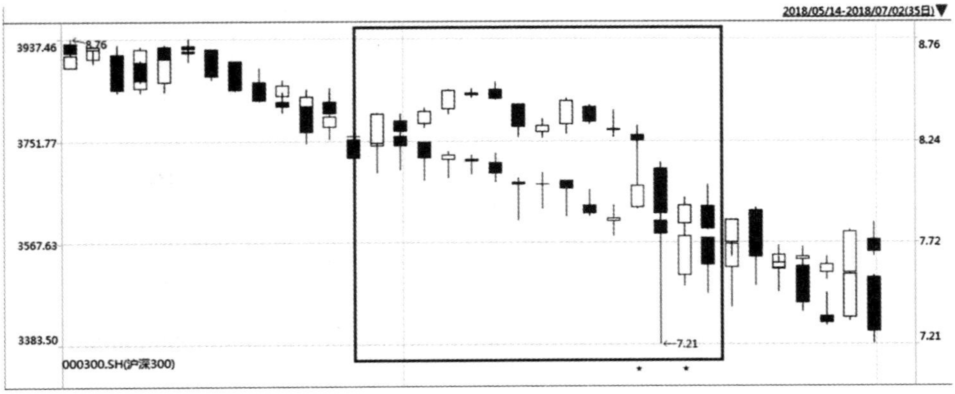


图 8-2　疑似有资金托市的股票 K 线图

另外，有些流通市值较小的股票，容易被操纵股价，融入方在开展融资之前，为了尽量多融资，有可能会故意拉抬股票价格。金融机构应尽量避免在股票大幅上涨或连续涨停后开展交易，如开展交易应大幅降低质押率，留出足够的冲高回落空间。图 8-3 是某股票的 K 线图，属于题材股，业绩不足以支撑高估值。2017 年末融入方将该股票全部质押，当时股价约 33 元，之后股价一地鸡毛，融入方所持股票被司法冻结。

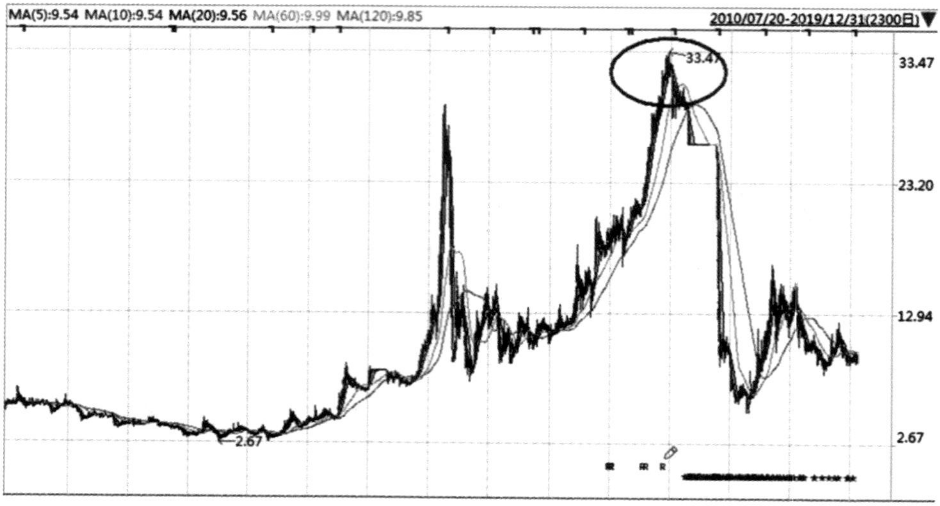


图 8-3　某融入方在股价最高点全部质押后发生风险

## 第十节　提高利率可以放松质押率吗

金融机构过于看重利息收入，可能会导致本金的损失，这种损失是无法由提高的利差来弥补的。如果是金额较大的项目，超过金融机构净利润 20% 则不建议放松质押率。如果是金额较小的项目，质押股票是流通股，能随时平仓，可以考虑适当放松质押率。

股票质押大面积暴露出风险开始于 2018 年，其中大部分业务的初始交易是在 2017 年或者 2016 年。我们可以观察一下 2017 年的平均质押率与其他年份的区别（如表 8-3 所示）。根据交易所公布的每周质押率数据（由于质押的股票普遍存在限售条件，因此有限售条件股份的平均质押率更有代表性），2017 年平均质押率仅比 2018 年、2019 年大约高出 5% ~ 6%。

从沪深300指数来看，2017年股票市场平均估值并未异常偏高，风险暴露较多的主要是2018年的股市大跌，尤其是创业板和中小板跌幅较大。股票估值高叠加质押率高，在以后年份最容易暴露风险。因此在评估质押率时，应优先考虑风险，其次再考虑利差收益，一定要在风险可控的前提下提高利差收益，不能本末倒置。

表8-3　2016—2019年平均质押率

| 年份 | 交易所 | 无限售条件股份的平均质押率（%） | 有限售条件股份的平均质押率（%） |
|---|---|---|---|
| 2019 | 上交所 | 38.74 | 32.75 |
| | 深交所 | 35.65 | 29.40 |
| 2018 | 上交所 | 39.31 | 31.88 |
| | 深交所 | 34.60 | 29.66 |
| 2017 | 上交所 | 44.77 | 37.66 |
| | 深交所 | 41.66 | 35.77 |
| 2016 | 上交所 | 39.22 | 38.08 |
| | 深交所 | 36.14 | 34.26 |

## 第十一节　反复被动展期的处理方式

融入方申请展期时，如果履保比例较低，但是高于合同规定的平仓线，应要求融入方部分还款或者补充质押股票，将履保比例提高到较为安全的水平，一般应达到初始交易时的条件。如果融入方无法做到，那么该项目就要被动延期了，此时应及早按照风险处置的思路化解潜在风险。风险化解的主要思路如下：

（1）如果质押股票是流通股，要求融入方卖出部分股票，降低融资规模并且使履保比例提高至安全水平。

（2）如果是限售股，融入方只能偿还部分借款提高履保比例，当项目安全性得到保障后也可以延期。

（3）如果是限售股，可以给融入方延期几个月，让融入方寻找风险偏好更高的机构去质押融资偿还我方借款。

（4）如果融入方有其他资产，可以追加担保物，然后给融入方延期几个月，让融入方寻找资金或者将资产变现。

（5）如果融入方债务负担较重，在其他金融机构的股票质押融资已被平仓或有司法诉讼，应及时采取司法措施，保全融入方其他有价值的财产。

总之，被动延期的处置思路是：每次被动延期的时间要短、每次被动延期时要逐步降低融资规模、每次被动延期时要求增加担保物、每次被动延期时应适当提高利率，直至项目安全性能够得到保障。如果无条件随意给融入方延期，融入方有可能会先偿还其他金融机构的借款，最终发生债务违约时，我方机构只能采取法律措施，诉讼周期很漫长。

## 第十二节　评审结论中常见的限制性条件

项目评审要对融入方的信用状况、第三方担保的增信效力、质押股票资质和估值等做出总体评价，对融资金额、质押率、期限、平仓线、高管可转让额度及其他保障项目安全性的措施，提出项目改进意见和规避风险的条款，再反馈给业务部门与融入方进行沟通，最后根据沟通结果提出项目可行、不可行、附条件可行的结论。

（1）质押率。评估行业周期、股票基本面、有无瑕疵、估值高低、限售情况等因素，结合市场平均质押率，再根据公司评审标准对质押率进行调整，反馈给业务部门和融入方，如达成一致则拟定关于质押率的评审结论。

（2）融资金额。融资金额应在监管指标的限制之内，金额上限为券商净资本的5%，原则上不超过预警值，即券商净资本的4%。融资金额不能超过公司的集中度要求，包括行业集中度、集团集中度、单一客户集中度、单一质押股票的集中度。资质不佳的项目要适当降低融资规模。

（3）期限。根据《股票质押式回购交易及登记结算业务办法（2018年修订）》，“以有限售条件股份作为标的证券的，解除限售日应早于回购到期日”，“股票质押回购的回购期限不超过3年”。如果质押股票限售期长于1年，可以与融入方约定，满一年时券商有权要求融入方提前购回，以合同约定的形式缩短项目期限。

（4）平仓线。评审时需按照公司制度规定，根据融入方适用税率、股票限售性质、项目资质综合拟定平仓线，在风险可控的条件下也可以与融入方沟通个性化的平仓线。

（5）高管可转让额度。在开展业务时，可以要求融入方将一定数量的高管可转让额度转到本机构。

（6）融入方所持股票的质押比例。有的融入方开始融资前并没有质押股票，但是一旦开始就会同时在多家金融机构申请股票质押融资。各家金融机构在评审时通过上市公司公告可以查询，融入方所持股票基本没有质押，但是等这些金融机构审批通过后，融入方已经把所持有的股票全部质押了，股票质押项目到期时，不得不被动展期。因此，合同中尽量约定融入方持有股票的质押比例不超过××%（金融机构可根据自身风险偏好制订具体数值），否则金融机构有权要求融入方提前购回。

（7）融入方多托管股票。如果担心融入方会继续通过股票质押融资，可以要求融入方将剩余股票托管在券商开的证券账户，禁止转托管、禁止撤指定、禁止提取现金。虽然该措施无法对抗司法冻结，但是可以监控融入方的股票质押比例，也可以随时用于补充质押。

（8）第三方担保。如果融入方是持股平台（或企业），需要实际控制人提供担保。如果融入方是自然人，且健康状况不佳，需要其子女提供担保。

# 第九章　如何做好项目评审工作

项目评审是控制实质性风险的关键环节，对项目评审人员的要求很高，除了前文中介绍的与具体项目有关的内容外，还要具备一定的专业素质、与时俱进的学习能力，能够坚守风控标准、保持独立性、尽职尽责地揭示风险等。

## 第一节 具备一定的专业素质

项目评审人员应该具备丰富的专业知识，包括法律法规、金融监管政策、公司内部制度、宏观经济、行业研究、公司财务分析、股票估值、风险管理等方面的知识，还应该有一定的社会阅历、实践经验、沟通能力，另外还要具备良好的个人道德品行，具备上述诸多方面素质的人才才能胜任项目评审工作。在现实中，金融机构评审人员聘任和上岗机制不健全，常出现随机上岗的情况，如果评审人员在知识水平、风险识别能力、实践经验等方面存在一定的缺失，很容易发生风险事件。

评审人员应建立完善的金融框架和知识体系，了解个人知识结构的缺陷，不断进行学习和研究，持续进步，下面介绍的几种方法可能对股票质押评审工作有一定帮助。

## 一、研究信用评级的分析框架

项目评审研究的是质押股票下跌的幅度及可能性，需要对上市公司的瑕疵有清晰的了解。股票投资的研究方法常常侧重于成长性，对于股票下跌因素考虑得较少；而债券信用评级主要考虑企业的偿债能力，对于企业的稳定性考虑的较多，因此信用评级的工作经验对股票质押项目评审来说是非常有价值的。

建议项目评审人员多读一些信用评级报告，借鉴信用评级的分析框架，用于指导股票质押项目评审工作。

## 二、研究企业违约之前的特点

首先评审人员应该记录评审过的股票质押项目，追踪后续的履保比例和风险情况，梳理出股票跌幅较大的原因、融入方违约的原因，不断总结经验教训，用于指导以后的项目评审工作。

如果股票质押违约的经历较少，可以多研究一下债券违约的特点。幸福的企业都是相似的，债务违约的企业各有各的不幸，通过研究违约的企业可以总结出一些经验，用于指导以后的项目评审工作。

研究债务违约，既要从宏观经济、行业周期、政策法规等定性角度进行研究，又要从财务指标等定量角度进行研究，分析债券违约的主要原因，尤其是要分析债券违约事件之前的信息，总结出违约之前的规律和特点，在进行项目评审时可以提前规避，避免踩雷。

## 三、学习交易所问询函

沪深交易所在审核上市公司相关公告的过程中，如果发现未达到“直接监管标准”的相关问题（多数是信息披露不准确或内容不全），会针对财务报告、并购重组、关联交易、股票异常波动和媒体报道等发出问询函（或关注函），要求上市公司在规定时间内书面回函并公开披露。对于一些尚未解决或回复不清晰的事项，交易所还会进行再次问询。

在所有类型的问询函中，财务报告问询函占比最大。此类问询函一般是交易所对上市公司财务报告进行的事后核查，主要针对会计处理、企业经营等问题。不同上市公司面临的问询函的问题数量和问题内容也有所不同。一些问询函还会要求独立董事及中介机构（如会计师事务所、律师事务所、资产评估公司、财务顾问或保荐机构等）对相关事项发表专业核查意见。

交易所问询函通常能够传递重要的监管信号，常见的内容包括财务数据真实性、合理性以及是否存在违规行为。例如：资产减值、研发支出资本化、提前确认收入、在建工程延迟转固定资产、关联交易、资金占用、对外担保、业绩承诺等。交易所问询函是分析上市公司负面问题的优秀教材，在查阅上市公司公告时应重点关注。

**案例 1：从交易所“关于对上市公司 D 的问询函”中能发现什么？**

D 公司董事会：

2020 年 × 月 × 日，你公司称认购的 Z 信托公司产品出现信托收益无法按期兑付的情况，在 2019 年度对相关金融资产全额计提减值，涉及金额 2.8 亿元。此外，你公司尚未向我部提供 2019 年计提坏账的应收账款对应的客户、销售金额与账龄等情况。请你公司就以下事项进行说明：

你公司称认购的Z信托理财产品对应的底层资产为对HDX贸易公司（以下简称“HDX”）的贷款2.8亿元。我部关注到你公司于2018年6月未履行审议程序，对HDX1.7亿元借款提供担保。

（1）请补充说明认购Z信托理财产品的具体情况，包括认购时间及背景、资金来源、投后管理情况等，认购的理财产品是否真实，并向我部报备理财产品合同。

（2）请核实说明你公司向HDX提供担保、借款的原因，HDX与你公司原控股股东是否存在关联关系，HDX接受担保及借款所获资金的最终流向，是否流向公司原控股股东及其关联方，上述事项是否构成资金占用。

（3）请你公司核查是否存在其他资金占用或违规担保行为。

## 第二节　坚守评审标准

金融机构都应建立适合本机构的明确的评审标准，评审人员应基于评审标准开展工作，能够坚持原则、守住风险底线，平衡风控和业务的关系，以事实为依据，出具明确的评审意见。

### 一、评审标准尽可能系统化、量化

金融机构应建立合理的系统化的项目评审框架，并且将评审标准尽可能量化，以公司制度的形式规定明确。如果金融机构缺乏系统化的评审标准，审查、审批可参考的细节条文较少，评审、审批人员都是凭借自身的经验自主决定，工作质量取决于该岗位人员的经验，可能会导致审查、审批过于自由或忽略风险点。评审标准要尽可能地量化，还可以减少评审部门与业务部门的矛盾，出现的分歧都可以按规章制度办理。

评审标准应规定可接受的融入方和质押股票的标准，规定遇到哪些条件应禁止开展业务、各类股票的质押率上限等。例如：明确规定主板、中小板、创业板的质押率上限，股票市盈率、市净率超过某一具体数值时对应的质押率上限，商誉（应收账款、在建工程等）占比较高时降低质押率的具体公式，资产负债率高于某一数值时禁止开展业务，融入方股票质押比例高于某一数值时禁止新增业务，融入方或上市公司外部信用评级低于某一级别时禁止开展业务，融资规模不超过 × 亿元等。

## 二、不要过于放松评审标准

在股票质押业务中，融入方和质押物都很重要，而且融入方是第一还款来源，从理论上来说融入方的信用状况最重要，实际上融入方的还款来源主要依赖于融入方的再融资能力。金融机构的风险偏好很重要，不要做风险偏好最高的金融机构，一旦出现系统性的风险因素，融入方的信用状况会普遍恶化，风险偏好最高的金融机构很难全身而退。如果保持适中的风险偏好，当出现系统性的风险时，金融机构有机会劝退部分客户，这类融入方也有可能转移到风险偏好更高的金融机构。如果风控标准过于宽松，融入方没有其他再融资渠道，只能变卖股票或者被金融机构平仓，在目前大部分质押股票限售的情况下，处置周期漫长，不论是金融机构还是相关经办人员，都是难以承受的。

## 三、出具评审结论时要清晰果断

对于业务部门报送的材料，审查发现问题后要彻底了解清楚，不能把情况不明的“半成品”审查意见上报专业委员会审批。对尽职调查收集的材料或报告，一定要进行深入的研究和分析，认真辨别材料和结论的真伪，明确提出同意、不同意、附条件同意的建议。

评审人员在出具附条件同意的评审结论时，要明确质押率、融资规模、期限、平仓线等条件，不能含糊不清、模棱两可。对于否决的项目，要有明确的客观事实，并以法律法规、金融政策、公司制度为依据，避免凭主观臆断否决项目。

如果客观事实清楚，对风险可控的项目要快速处理；对风险不可控的项目要坚持原则，要手起刀落快速退回，态度要坚定而果断。如果评审结论含糊或犹豫不决，会让业务承揽人员误认为项目有希望做成，因而会不断地上下公关，既会给维持评审结论造成较大压力，也会产生纠纷影响其他项目的评审进度。

## 四、有效平衡风控与业务的关系

作为项目评审人员，既要对上报的股票质押项目按照有关要求进行审查，严格把控风险，同时又要站在业务发展的角度协助业务部门开展业务，以促进各项业务的稳健发展。但在实际的工作中，有时难以把握这对矛盾，有些评审人员认为，既然业务部门愿意开展业务，也愿意承担风险，就可以放松标准通过项目，忽略了评审的应尽职责；而有些评审人员在评审项目时，觉得处处都是风险，处处都是问题，就会与业务部门产生矛盾。

业务部门和风控部门的根本目标应是一致的，那就是让本机构持续地盈利，解决业务部门和风控部门矛盾的关键是明确金融机构的风险偏好和风险容忍度，制定明细的业务准入标准和项目评审标准，对业务部门制定合理的绩效考核，出现风险项目时不应让评审人员承担主要责任，不能让评审人员因为怕追责而不敢通过项目。

## 第三节　保持独立性

股票质押评审人员既要具备一定的专业能力，又需要保持一定的独立性。项目评审人员要严格遵守公司制度，不受行政手段干预，保证审批的效率和质量。理论上，项目评审人员可以决定一个项目通过、多长时间通过、不通过、限制项目规模、附条件通过的难度等，直接关系到很多人的切身利益。项目评审人员会面临各种诱惑和压力，要树立正确的人生观、价值观，做到不徇私情、不讲关系，能够坚持底线，不违反内外部的相关制度，不能按照他人或有关方面的授意出具评审结论。

项目评审人员要善于引导相关人员形成共识，大家一起平衡公司的风险和收益，要学会保护自己。金融机构应为项目评审人员创造良好的环境，既有利于公司的稳健运营，也有利于公司管理层和相关员工的职业发展。

另外，金融机构应定期开展内部审计，审查重大项目的决策过程，包括：尽职调查报告的完整性和真实性、项目评审过程是否符合公司制度、交易条件是否公允等内容，防范道德风险，防止金融机构内部员工为了私利，与客户串通包装项目，夸大项目优点，对风险视而不见。

## 第四节　评审意见要充分揭示风险

在做项目评审时，除了提出明确的审核结论外，还要充分揭示股票质押项目存在的风险。

融入方方面面常见的风险包括：融入方继续质押股票过度融资的风险、融入方到期无法偿还本息的风险、资金用途与融资期限不匹配的风险、融入方所持股票无法快速减持的风险。股票方面常见的风险包括：上市公司治理结构的风险、未来经营业绩下滑的风险、应收账款的坏账风险、商誉减值风险、债务违约风险、过于依赖大客户的风险、关联方占用上市公司资金的风险、报表粉饰或造假的风险等。

项目评审是审批的重要关口，起到把门人的作用。项目评审人员接触第一手资料，在风险识别和风险评估上最具发言权。如果将审查报告写得像调查报告，无法指出股票质押项目的风险所在，或者列出了股票质押项目的风险，但是对该风险实际发生的可能性、危害、能否规避未进行进一步分析，即使提交专业委员会进行审议，与会委员也难以决策，会造成时间精力的浪费。

对于评审人员来说，充分揭示项目风险以供专业委员会审议决策，也是一种评审人员的自我保护。

# 第十章 其他风险防范措施

项目评审属于风险管理中的事前风险评估，风险管理还有很多环节和措施，如事中监控、贷后管理以及整个决策体系的合理性等，这些都能对有效地防范风险发挥重要的作用。

## 第一节　决策体系和审贷分离

《中华人民共和国商业银行法》（1995年5月10日）第三十五条规定："商业银行贷款，应当实行审贷分离、分级审批的制度。"审贷分离制度是将贷款的调查、审查、批准职责和权限，分别划归不同人员和部门负责执行的贷款管理制度。

在银行业，以前审查和审批是一个步骤，一般是信贷业务部门将调查材料和意见报给行长审批同意后即放款。因为前期调查难免会有纰漏，或易受人为因素影响，行长审批也会受到时间因素、精力因素和主观因素的影响，从而影响贷款审批的客观性，这样的审批方式往往存在着极大的风险。银行业已认识到上述审批方式存在的风险隐患，目前已普遍实行审贷分离的审批机制，在这种制度下，贷款管理的各个环节和岗位相互制约，分别承担各个环节的责任。审贷分离有利于提高贷款决策的科学性，从决策上减少失误，排除贷款过程中的人为干扰，确保审查和决策环节的正确性。

股票质押实际上是非标准化的类信贷业务，交易条件中质押率、融资规模、利率等要素均是交易双方协商决定，受到较多人为因素干扰。与银行几十年的风险控制经验相比，券商对于类信贷业务缺乏管理经验，也缺少专业的审批人。通常情况下，券商的决策机构包括：董事会及其下设风险控制委员会、总经理办公会、各业务条线的专业委员会。股票质押项目依据金额不同需要不同的审批机构，大部分券商是在信用业务委员会审批，也有券商要求提交总经理办公会审批。信用业务委员会的构成部门包括业务部门、风控部门、合规部门、财务部门、研究所等，相关部门各司其职，以分工合作的形式，构成公司信用业务的决策体系。

券商专业委员会的委员来自多个部门，一般为公司中层和高层管理人员，因上会时间紧和管理人员精力有限，难以全面及时地评估风险。项目评审很大程度上依赖于风控部门或业务部门的评审人员，这些人始终处于较大压力下，经常与前台业务部门发生冲突，经济周期的波动必然带来风险项目，公司考核也不利于职业发展，会导致评审人员的频繁变更。而评审人员的频繁变更，不利于坚守风控标准，尤其是当评审人员存在离职意愿时通常会放松风控标准，可能就会通过一些风险项目。

理想的风控体系，应该是尽职调查、项目审查、项目审批三个阶段的参与人员要相互独立，限制单独一个人在整个决策流程中的话语权，在审批阶段要充分发挥民主投票的优势，互相独立、互相制衡，每名委员的投票情况要对承揽部门保密，避免投票表决过程受到承揽部门和承揽人员的干预。

## 第二节　建立股票黑名单

金融机构应建立股票质押的黑名单机制，黑名单机制有利于提高业务准入的工作效率，降低沟通成本，减少业务评审部门与业务营销部门的分歧。黑名单的主要关注事项包括：上市公司债务违约、信用评级下调、重要资产被司法冻结、被立案调查、其他重大负面信息，以及上市公司控股股东或一致行动人出现的上述重大负面信息。信息来源渠道包括：Wind资讯、财汇数据微信公众号以及其他财经媒体的新闻报道。黑名单内容一般包括证券代码、证券名称、负面信息、关注日期等。黑名单的规模可以由各家金融机构根据风险偏好制订，一般控制在上市公司数量的20%以内即可。黑名单还可以用于融资融券、证券投资等公司其他业务。

## 第三节　双录和见证用印

伪造印章导致金融机构巨额损失的案例常常出现在新闻报道中。例如：某机床公司的债券违约后，被发现曾经以虚构应收账款、伪造合同和公章等方式，从信托机构融资6亿元；北京某公司实际控制人制作假合同、刻假公章、假办签字手续等从银行骗取贷款32亿元。也有一些融入方无还款能力时，不承认签署过合同，试图抵赖，寄希望于法院认定合同无效，也会给金融机构带来合同纠纷。因此见证用印是避免合同纠纷的必然选择。

《证券期货投资者适当性管理办法》于2017年7月正式施行，这是一部关于证券期货市场投资者保护的专项规章制度，从此券商营业部办理业务需要开启“双录”模式。所谓“双录”，即录音录像，主要对客户办理业务的过程，特别是对风险揭示的过程留痕，规范券商的销售行为，也为日后解决争议提供证据。股票质押初始交易时，签署的合同及相关材料的签字一般是临柜办理，签字用印时直接使用“双录”功能，可以避免纠纷。在初始交易之后，尤其是在项目延期时，双方达成的补充协议或者增加第三方担保等需要签字用印的材料，可以采用律师见证、公证机关公证、全程录制视频的方式，避免或减少合同纠纷。

## 第四节　监督附条件审批的落实情况

如果股票质押项目存在一些不符合公司业务标准的地方，有权审批机构可以要求在满足某种条件的前提下开展业务，并在审批决议中列明相关条件，形成附条件审批意见。在市场竞争激烈的背景下，附条件审批有利于提高效率，但其中蕴含的风险不容忽视。

落实审批条件是资金发放和后续管理的前提，是业务主管部门应尽的职责。只有严格落实审批条件，审批的决策意见才有意义和价值，才能发挥应有的风险控制作用。然而实际工作中，可能有附条件落实不及时、变通落实审批条件、审批条件落实不到位等不合规的情况，导致资金损失。金融机构应由专门的责任部门和人员进行监督检查，定期检查附条件审批的落实情况，提高股票质押业务全过程的管控水平，切实防范操作风险和道德风险。

## 第五节　风险监控

金融机构相关部门应该整理股票质押业务需要监控的风控指标，包括监管部门规定的风控指标、控股集团规定的风控指标、公司内部的风控指标等，总体性的指标可能涉及净资本、业务规模、集中度，具体项目要监控平仓线、融入方或股票的负面事件。

股票质押业务需要监控下列风险事件：融入方所持股票被司法冻结、股票被 ST、上市公司业绩预亏、上市公司被立案调查、上市公司发生违规担保、上市公司存在退市风险等。建议将存续业务的股票代码导入 Wind 资讯等金融终端，系统会每日自动列出上述股票的新闻、公告和负面事件。

对于发生负面事件的项目，及时评估其影响，按照合同约定，采取措施要求融入方提前购回、部分还款、补充质押物等，以保障业务的安全性。

对于发生负面事件的股票，要同时更新到黑名单中，促使风险监控和业务准入形成良性循环。

## 第六节　贷后管理

贷后管理是控制风险、防止不良资产发生的另一个重要环节。融入方的经营财务状况是不断变化的，有些融入方在审批时经营状况良好，但是由于行业政策变化、投资失误、上下游的影响等，可能会引起融入方经营状况的不利变化。贷后管理就是要跟踪融入方所属行业、政策、融入方本身的变化，发现风险隐患，采取保障资金安全的措施。贷后管理要及时，只有及时发现问题才能采取应对措施，贷后跟踪不及时就会陷入被动。目前，券商没有办法实时监控企业的资金流水，只能依赖于企业定期提供的资料，相比银行来说，券商在这方面存在一定劣势。

贷后管理，既是降低风险损失的措施，也是监管合规的要求。股票质押新规中有大量关于贷后管理的要求：证券公司应当建立融入方融入资金跟踪管理制度，采取措施对融入方资金的使用情况进行跟踪；证券公司发现融入方违反规定使用资金的，应当督促融入方按照协议约定采取改正措施，相关改正完成前不得继续向融入方融出资金；未按照协议约定采取改正措施的，证券公司应当要求融入方提前购回。证监会《机构监管情况通报》（2019 年第 12 期）中介绍了对贷后管理流于形式的券商采取了监管措施，涉及违规的内容有：对于资金用途的跟踪核查工作流于形式；对于资金从专户划出，但未划入融资方名下约定账户的情况，公司未能及时发现；个别公司仅以电话沟通进行贷后管理，且未见沟通记录留痕。

金融机构要制定相关制度，对贷后管理的工作质量进行考核，包括按季度收集财务资料、定期回访、资金用途追踪等内容；项目承揽人员等利益相关人要参与贷后管理，以便能充分沟通及时发现问题；对于发现的问题，要及时进行评估，必要时采取措施将风险隐患提前化解掉。

## 第七节　五级分类的适用标准

资产五级分类常用于银行业金融机构。资产五级分类是指商业银行依据借款人的实际还款能力进行资产质量的五级分类，即正常、关注、次级、可疑、损失，后三种为不良贷款。如果券商是由银行业金融机构控股，则需要合并报表，那么券商自有资金的股票质押项目也要纳入五级分类进行统计。这里对股票质押五级分类的标准提供一些建议。

正常类：指偿债主体能够履行合同，正常还本付息，不存在任何影响偿还本息的消极因素。

关注类：存在一些可能对偿还产生不利影响的因素，但是预计偿债主体有能力偿还债务本息，或资产的担保措施具有较高的风险覆盖能力及变现能力，最终不会造成实质损失。

次级类：偿债主体的还款能力出现明显问题，可能无法足额偿还债务本息，即使有资产的担保，也可能会造成一定损失（例如：损失本金的30%以内）。简单的划分标准可以按履保比率低于100%或平仓线，这里应该考虑资产变现发生的折价和税费，如限售股不能及时平仓、司法拍卖要有折价、原始股要缴纳所得税等因素。

可疑类：偿债主体的还款能力出现明显问题，可能无法足额偿还债务本息，即使有资产的担保，也可能会造成较大损失（例如：损失本金的30%～80%）。

损失类：在采取所有可能的措施或一切必要的法律程序之后，无法收回债务本息或只能收回很少的部分。

## 第八节　常见的风险处置方式

股票质押项目违约，主要包括跌破平仓线无法按合同补仓、项目到期且履保比例很低，融入方短期内已经无力偿还本息，这类项目的风险比被动延期更大。业内普遍规定违约金为万分之五，年化约18%，对于已经出现债务问题或流动性问题的融入方来说，违约金负担也很沉重。因此尽量在短期内结束项目，既有利于金融机构，也有利于融入方。

1. 如果质押股票是流通股，可以通过平仓偿还本息，这是最快捷的违约处置方式。但是质押股票多为限售股，或者因融入方是大股东、董监高、承诺不减持等原因无法平仓，能够不受限制平仓的流通股占比可能不足十分之一。

另外，大宗交易和协议转让也是可选的卖出股票的方式。2020 年 4 月 17 日，沪深交易所发布了《关于通过协议转让方式进行股票质押式回购交易违约处置相关事项的通知》，放宽了协议转让的办理条件，在质押登记已满 12 个月后，单个受让方的受让比例下限由 5% 降为 2%，转让价格下限由原来的 90% 调整为 70%，该通知有利于加快股票质押业务的风险化解。

2. 如果质押股票是限售股，不具备平仓条件，融入方尚未出现财产被冻结的情况，资产能够覆盖债务，融入方比较配合，那么应该尽早梳理融入方的土地、房产、非上市公司股权等资产，评估其价值，与融入方协商尽快办理抵质押手续，以保障股票质押项目的安全性。

3. 如果融入方不配合解决债务的方案，或者融入方的财产已经被司法冻结，在履保比例已经较低的情况下，应尽快采取司法措施，包括保全资产，推动司法诉讼进度，通过拍卖股票偿还股票质押融资，减轻金融机构的损失。

4. 如果融入方是上市公司控股股东或实际控制人的关联方，股票存在一定的控股权溢价，上市公司资产负债率不高，市值也不大，可以考虑将债务整体转让给从事不良资产管理的机构。

5. 如果融入方是上市公司控股股东或实际控制人的关联方，上市公司资产庞大，债务负担也很重，应积极推动或参与上市公司破产重组，获得一定的清偿率。

6. 如果股票质押项目存在第三方担保，应尽快与担保方沟通代偿事宜，如果担保方没有能力代偿，应将担保方财产列入违约处置范围。

## 第九节　建立合理的考核制度

在对业务部门考核时，不能仅仅考核业务规模、净利息收入等，还要考核风险情况，比如不良率、风险调整资本回报率RAROC、风险化解率等。有些券商的绩效考核激励有余而惩罚不足，使得业务部门积极推进业务，容易导致急功近利，但是金融机构采取任何激进的考核模式，总会在几年后付出代价，不是风控就是合规，最终会发现稳健成长才是金融机构的最优选择。

金融机构应树立稳健、合规经营的理念，从长期经济效益和资产质量的角度出发，明确经营部门、审批部门各自承担的权利义务，将经营业绩、项目审批与绩效考核挂钩，实行轻重适度的“问责制”。当然，不承担风险就没有收益，绩效考核并不是绝对地杜绝信用风险，而是将信用风险控制在金融机构可接受的限额之内。

# 附　录

## 一、2016 年预警指标统计数据

| 预警指标（2016年） | 99%分位数 | 95%分位数 | 90%分位数 | 50%分位数 | 指标解释 |
|---|---|---|---|---|---|
| 货币资金/总资产 | 62.88% | 44.43% | 35.91% | 15.03% | 货币资金/总资产 |
| 应收账款占营业收入的比率 | 123.42% | 80.48% | 61.69% | 21.64% | 应收账款/最近1年的营业收入 |
| 存货/总资产 | 51.22% | 32.72% | 25.43% | 10.26% | 存货/总资产 |
| 其他应收款占营业收入的比率 | 55.69% | 14.36% | 7.98% | 1.48% | 其他应收款/最近1年的营业收入 |
| 其他应收款占总资产比率 | 13.82% | 5.51% | 3.42% | 0.83% | 其他应收款/总资产 |
| 投资性房地产占总资产的比率 | 12.81% | 3.72% | 1.78% | 0.00% | 投资性房地产/总资产 |
| 在建工程占总资产的比率 | 48.69% | 28.17% | 19.21% | 2.23% | 在建工程/总资产。债券发行人统计数据 |
| 商誉占总资产的比率 | 46.16% | 25.52% | 14.34% | 0.00% | 商誉/总资产 |
| 商誉占净资产的比率 | 69.48% | 40.09% | 25.06% | 0.01% | 商誉/净资产 |
| 少数股东权益/所有者权益 | 75.51% | 56.11% | 42.48% | 2.77% | 少数股东权益/所有者权益。债券发行人统计数据 |

续表

| 预警指标（2016年） | 99%分位数 | 95%分位数 | 90%分位数 | 50%分位数 | 指标解释 |
| --- | --- | --- | --- | --- | --- |
| 少数股东权益/所有者权益 | 42.17% | 20.77% | 13.66% | 1.21% | 少数股东权益/所有者权益。上市公司统计数据 |
| 研发支出资本化比例 | 84.17% | 45.55% | 25.19% | 0.00% | 资本化研发支出金额/研发支出合计。上市公司统计数据 |
| 现金收入比（近3年） | 49.29% | 66.04% | 75.93% | 100.56% | 近3年合计的销售商品提供劳务收到的现金/近3年合计的营业收入 |
| 经营活动现金净流量与净利润的比率（近3年） | −1028.83% | −176.29% | 1.91% | 108.13% | 近3年合计的经营活动现金净流量/近3年合计的净利润。75%分位数是60%，60%分位数是92% |
| 现金自给的缺口/营业收入 | −115.30% | −45.26% | −30.84% | −2.03% | （近3年的经营活动现金净流量之和+近3年的投资活动现金净流量）/近3年的营业收入 |
| 现金比率 | 5.80% | 14.82% | 19.67% | 58.83% | 货币资金/流动负债 |
| 流动比率 | 25.73% | 58.88% | 79.27% | 174.58% | 流动资产/流动负债 |

续表

| 预警指标（2016年） | 99%分位数 | 95%分位数 | 90%分位数 | 50%分位数 | 指标解释 |
| --- | --- | --- | --- | --- | --- |
| 短期流动性（非受限资金） | 0.69% | 14.68% | 25.82% | 189.01% | （货币资金－0.5×应付票据）/（短期借款+1年内到期的应付债券+应付短期债券） |
| 短期流动性（非受限资金+EBITDA） | −2.77% | 33.08% | 52.37% | 310.70% | （货币资金－0.5×应付票据+EBITDA）/（短期借款+1年内到期的应付债券+应付短期债券） |
| 短期流动性（非受限资金+EBITDA+授信） | 0.86% | 43.32% | 65.82% | 419.83% | （货币资金－0.5×应付票据+EBITDA+未用授信×未用授信比例）/（短期借款+1年内到期的应付债券+应付短期债券） |
| 资产负债率 | 90.68% | 75.43% | 67.91% | 38.67% | 负债合计/资产合计 |
| 债务资本化比率 | 81.15% | 61.57% | 51.68% | 15.56% | （短期借款+1年内到期的长期负债+长期借款+应付债券+长期应付款）/全部投入资本 |

续表

| 预警指标（2016年） | 99%分位数 | 95%分位数 | 90%分位数 | 50%分位数 | 指标解释 |
|---|---|---|---|---|---|
| EBITDA/有息债务 | −52.00% | 5.53% | 12.82% | 75.04% | 息税折旧摊销前利润/（短期借款+应付短期债券+1年内到期的长期债券+长期借款+应付债券） |
| EBIT利息保障倍数 | −1415.19% | −6.32% | 154.47% | 1734.66% | 息税前利润/利息费用 |
| EBITDA利息保障倍数 | −940.11% | 167.15% | 306.26% | 2317.90% | 息税折旧摊销前利润/利息费用 |
| 资产负债率（房地产行业） | 88.99% | 82.79% | 79.93% | 56.15% | （负债合计−预收款项）/（资产合计−预收款项），仅含房地产行业，扣除预收款项 |
| 净负债率（房地产行业） | 425.19% | 289.52% | 197.73% | 45.42% | 净负债率=（有息负债−货币资金）/净资产，其中有息负债选取的是短期借款、1年内到期的长期借款、长期借款、应付票据和应付债券之和 |

注：统计时剔除了金融和房地产行业。

# 二、2017年预警指标统计数据

| 预警指标（2017年） | 99%分位数 | 95%分位数 | 90%分位数 | 50%分位数 | 指标解释 |
|---|---|---|---|---|---|
| 货币资金/总资产 | 59.00% | 42.33% | 33.76% | 14.12% | 货币资金/总资产 |
| 应收账款占营业收入的比率 | 115.24% | 79.35% | 61.22% | 21.65% | 应收账款/最近1年的营业收入 |
| 存货/总资产 | 48.86% | 31.41% | 24.42% | 10.01% | 存货/总资产 |
| 其他应收款占营业收入的比率 | 52.81% | 12.29% | 6.60% | 1.21% | 其他应收款/最近1年的营业收入 |
| 其他应收款占总资产的比率 | 13.93% | 5.18% | 3.23% | 0.70% | 其他应收款/总资产 |
| 投资性房地产占总资产的比率 | 18.37% | 4.32% | 2.24% | 0.00% | 投资性房地产/总资产 |
| 在建工程占总资产的比率 | 50.15% | 27.05% | 17.68% | 2.00% | 在建工程/总资产。债券发行人统计数据 |
| 商誉占总资产的比率 | 46.15% | 27.92% | 16.77% | 0.04% | 商誉/总资产 |
| 商誉占净资产的比率 | 77.46% | 44.48% | 30.53% | 0.07% | 商誉/净资产 |
| 少数股东权益/所有者权益 | 77.61% | 57.30% | 43.24% | 2.78% | 少数股东权益/所有者权益。债券发行人统计数据 |

续表

| 预警指标（2017年） | 99%分位数 | 95%分位数 | 90%分位数 | 50%分位数 | 指标解释 |
|---|---|---|---|---|---|
| 少数股东权益/所有者权益 | 45.01% | 22.14% | 14.62% | 1.38% | 少数股东权益/所有者权益。上市公司统计数据 |
| 研发支出资本化比例 | 79.86% | 45.59% | 23.65% | 0.00% | 资本化研发支出金额/研发支出合计。上市公司统计数据 |
| 现金收入比（近3年） | 48.96% | 65.96% | 75.05% | 100.15% | 近3年合计的销售商品提供劳务收到的现金/近3年合计的营业收入 |
| 经营活动现金净流量与净利润的比率（近3年） | −610.88% | −130.87% | −39.51% | 99.62% | 近3年合计的经营活动现金净流量/近3年合计的净利润。75%分位数是57%，60%分位数是87% |
| 现金自给的缺口/营业收入 | −105.21% | −45.42% | −32.10% | −4.01% | （近3年的经营活动现金净流量之和+近3年的投资活动现金净流量）/近3年的营业收入 |
| 现金比率 | 6.05% | 14.76% | 20.08% | 58.83% | 货币资金/流动负债 |
| 流动比率 | 29.63% | 58.75% | 81.66% | 176.53% | 流动资产/流动负债 |

续表

| 预警指标（2017年） | 99%分位数 | 95%分位数 | 90%分位数 | 50%分位数 | 指标解释 |
|---|---|---|---|---|---|
| 短期流动性（非受限资金） | −1.88% | 13.32% | 24.30% | 174.35% | （货币资金−0.5×应付票据）/（短期借款+1年内到期的应付债券+应付短期债券） |
| 短期流动性（非受限资金+EBITDA） | −0.52% | 35.22% | 50.97% | 277.04% | （货币资金−0.5×应付票据+EBITDA）/（短期借款+1年内到期的应付债券+应付短期债券） |
| 短期流动性（非受限资金+EBITDA+授信） | 2.16% | 43.51% | 64.31% | 380.21% | （货币资金−0.5×应付票据+EBITDA+未用授信×未用授信比例）/（短期借款+1年内到期的应付债券+应付短期债券） |
| 资产负债率 | 93.41% | 75.73% | 67.58% | 38.58% | 负债合计/资产合计 |
| 债务资本化比率 | 87.16% | 61.11% | 51.51% | 15.69% | （短期借款+1年内到期的长期负债+长期借款+应付债券+长期应付款）/全部投入资本 |

续表

| 预警指标（2017年） | 99%分位数 | 95%分位数 | 90%分位数 | 50%分位数 | 指标解释 |
|---|---|---|---|---|---|
| EBITDA/有息债务 | −61.62% | 5.48% | 12.88% | 68.62% | 息税折旧摊销前利润/（短期借款+应付短期债券+1年内到期的长期债券+长期借款+应付债券） |
| EBIT利息保障倍数 | −2249.48% | −12.67% | 165.78% | 1731.86% | 息税前利润/利息费用 |
| EBITDA利息保障倍数 | −1501.99% | 141.64% | 311.70% | 2439.52% | 息税折旧摊销前利润/利息费用 |
| 资产负债率（房地产行业） | 87.80% | 84.45% | 81.06% | 57.20% | （负债合计−预收款项）/（资产合计−预收款项），仅含房地产行业，扣除预收款项 |
| 净负债率（房地产行业） | 419.51% | 289.28% | 211.26% | 44.70% | 净负债率=（有息负债−货币资金）/净资产，其中有息负债选取的是短期借款、1年内到期的长期借款、长期借款、应付票据和应付债券之和 |

注：统计时剔除了金融和房地产行业。

# 三、2018年预警指标统计数据

| 预警指标（2018年） | 99%分位数 | 95%分位数 | 90%分位数 | 50%分位数 | 指标解释 |
|---|---|---|---|---|---|
| 货币资金/总资产 | 54.59% | 39.46% | 31.09% | 13.48% | 货币资金/总资产 |
| 应收账款占营业收入的比率 | 132.29% | 82.36% | 63.57% | 21.46% | 应收账款/最近1年的营业收入 |
| 存货/总资产 | 48.89% | 31.27% | 24.83% | 10.48% | 存货/总资产 |
| 其他应收款占营业收入的比率 | 89.10% | 20.34% | 9.53% | 1.41% | 其他应收款/最近1年的营业收入 |
| 其他应收款占总资产的比率 | 19.02% | 6.99% | 4.18% | 0.84% | 其他应收款/总资产 |
| 投资性房地产占总资产的比率 | 19.98% | 5.43% | 2.76% | 0.00% | 投资性房地产/总资产 |
| 在建工程占总资产比率 | 45.71% | 25.29% | 16.49% | 1.55% | 在建工程/总资产。债券发行人统计数据 |
| 商誉占总资产的比率 | 42.29% | 24.10% | 15.52% | 0.10% | 商誉/总资产 |
| 商誉占净资产的比率 | 80.46% | 42.97% | 28.84% | 0.17% | 商誉/净资产 |
| 少数股东权益/所有者权益 | 75.69% | 56.62% | 41.84% | 2.21% | 少数股东权益/所有者权益。债券发行人统计数据 |

续表

| 预警指标（2018年） | 99%分位数 | 95%分位数 | 90%分位数 | 50%分位数 | 指标解释 |
|---|---|---|---|---|---|
| 少数股东权益/所有者权益 | 49.92% | 23.59% | 15.77% | 1.59% | 少数股东权益/所有者权益。上市公司统计数据 |
| 研发支出资本化比例 | 78.47% | 42.39% | 24.59% | 0.00% | 资本化研发支出金额/研发支出合计。上市公司统计数据 |
| 现金收入比（近3年） | 49.28% | 67.13% | 74.70% | 99.86% | 近3年合计的销售商品提供劳务收到的现金/近3年合计的营业收入 |
| 经营活动现金净流量与净利润的比率（近3年） | −1071.66% | −128.32% | −13.98% | 100.54% | 近3年合计的经营活动现金净流量/近3年合计的净利润。75%分位数是51%，60%分位数是84% |
| 现金自给的缺口/营业收入 | −96.25% | −40.07% | −26.97% | −3.54% | （近3年的经营活动现金净流量之和+近3年的投资活动现金净流量）/近3年的营业收入 |
| 现金比率 | 2.98% | 10.73% | 16.95% | 51.71% | 货币资金/流动负债 |
| 流动比率 | 24.98% | 58.51% | 76.55% | 162.38% | 流动资产/流动负债 |

续表

| 预警指标（2018年） | 99%分位数 | 95%分位数 | 90%分位数 | 50%分位数 | 指标解释 |
| --- | --- | --- | --- | --- | --- |
| 短期流动性（非受限资金） | −1.19% | 10.90% | 19.71% | 126.92% | （货币资金−0.5×应付票据）/（短期借款+1年内到期的应付债券+应付短期债券） |
| 短期流动性（非受限资金+EBITDA） | −121.76% | 17.65% | 39.90% | 209.60% | 货币资金−0.5×应付票据+EBITDA）/（短期借款+1年内到期的应付债券+应付短期债券） |
| 短期流动性（非受限资金+EBITDA+授信） | −114.53% | 23.40% | 47.90% | 276.68% | （货币资金−0.5×应付票据+EBITDA+未用授信×未用授信比例）/（短期借款+1年内到期的应付债券+应付短期债券） |
| 资产负债率 | 97.91% | 77.63% | 69.34% | 41.05% | 负债合计/资产合计 |
| 债务资本化比率 | 88.94% | 61.52% | 52.29% | 18.93% | （短期借款+1年内到期的长期负债+长期借款+应付债券+长期应付款）/全部投入资本 |

续表

| 预警指标（2018年） | 99%分位数 | 95%分位数 | 90%分位数 | 50%分位数 | 指标解释 |
| --- | --- | --- | --- | --- | --- |
| EBITDA/有息债务 | −570.73% | −56.55% | 1.67% | 53.39% | 息税折旧摊销前利润/（短期借款+应付短期债券+1年内到期的长期债券+长期借款+应付债券） |
| EBIT利息保障倍数 | −8424.38% | −941.80% | −69.26% | 1151.89% | 息税前利润/利息费用 |
| EBITDA利息保障倍数 | −7312.09% | −714.27% | 118.76% | 1622.37% | 息税折旧摊销前利润/利息费用 |
| 资产负债率（房地产行业） | 88.90% | 84.51% | 80.20% | 58.73% | （负债合计−预收款项）/（资产合计−预收款项），仅含房地产行业，扣除预收款项 |
| 净负债率（房地产行业） | 428.24% | 231.60% | 182.39% | 48.16% | 净负债率=（有息负债−货币资金）/净资产，其中有息负债选取的是短期借款、1年内到期的长期借款、长期借款、应付票据和应付债券之和 |

注：统计时剔除了金融和房地产行业。

# 后　记

回忆过往，我从 2011 年云南城投事件时开始在交易所买债券，当时是允许个人做正回购的，逐渐对利率、信用有了一些基本了解。后来在信托公司和券商从事风险管理工作，中间有几年，我经常阅读中金公司发布的短融和公司债的信用分析周报，每次总是先打印出来，拿涂改液把全部评级结果抹掉，然后根据财务数据按照自己的理解写上评级，再去比较个人观点与中金评级结果的差异，一直到 2018 年中金公司的报告不再公开为止，这几年时间是我成长最快的时期。新财富排名中宏观和固收分析师的微信公众号，我一直关注，经常拜读其中的一些文章，长期坚持下来，对于宏观、利率、信用的理解是潜移默化的。这些过往经历为从事股票质押项目评审工作奠定了基础。

在我刚开始从事股票质押项目评审时，公司已经建立了一套评审规范和质押率测算模型，工作中领导和同事也经常给予我指导，让我迅速成长起来。理论更重要的是与实践相结合，在前人积累的基础上不断进取和创新，因为我恰好对信用债有一些认识，于是将信评的分析框架应用到股票质押项目评审中来，得到了一些体会和收获。

2018 年时公司建立了初审会制度，所有项目大家都会充分讨论，每个人都成长得很快，初审会没有领导参与，讨论项目的过程也多有欢声笑语，既提高了技能又增进了同事感情。而每当遇到存量项目出现风险时，大家又紧锁眉头一声叹息。三年多的时间大家能坚定地一路走来，让笔者感触颇深。

不论是对于金融机构还是从业人员，股票质押业务都比债券投资的性价比低。股票质押业务投入大、产出低、易发生风险、从业人员薪酬水平低，因此很少有信用债投研人员转做股票质押业务。股票质押业务对人员素质的要求相当高，市场上能满足要求的人才很少，这也是股票质押业务风险频发的原因之一。

笔者将一些零零散散的经验和教训记录下来，写作成书，希望能对后来者有所帮助。